Börse

Rotbuch 3000
Herausgegeben von Martin Hoffmann

Vanessa Redak
studierte Handelswissenschaften und Volkswirtschaft in Wien
und Frankreich. Sie arbeitet derzeit als Lektorin an der
Wirtschaftsuniversität Wien und an der bfi-Europa-Fachhoch-
schule.

Beat Weber
ist Ökonom und Bankangestellter in Wien.

Vanessa Redak / Beat Weber

Börse

ROTBUCH 3000

Inhalt

Markt und Marktplätze

Als Börsen bezeichnet man spezielle Marktplätze, auf denen in geregelter Form Waren, Wertpapiere oder Devisen gehandelt werden. Die Börse gilt in der Wirtschaftsliteratur auch als »vollkommener Markt«.

Waren, Wertpapiere, Devisen

Aktien und Anleihen

Aktien sind handelbare Wertpapiere, die einen Anteil an einem Unternehmen und an dessen Gewinn (in Form der Dividende) verbriefen. Eine Anleihe wiederum ist ein Schuldtitel, der ein Anrecht auf eine fixe Verzinsung bietet.

Die Hamburger Kaffeebörse, der London Metal Exchange, der New York Stock Exchange – all dies sind Beispiele für Börsen, die sich hinsichtlich der auf ihnen gehandelten Objekte unterscheiden: Die Kaffeebörse ist eine so genannte Warenbörse. Die Warenbörsen waren ursprünglich örtlich beschränkt, ihre Hauptaufgabe war nämlich, die regionale Bevölkerung mit lebensnotwendigen Gütern wie Getreide, Futtermittel, Zucker und Ähnlichem zu versorgen. Ihren Aufschwung erlebten Warenbörsen mit der Kolonialisierung, weil nun Rohstoffe aus den Kolonien gehandelt werden konnten. Die Hamburger Kaffeebörse oder die Bremer Baumwollbörse erinnern bis heute an diese Zeiten. Warenbörsen sind auch jene Börsen, an denen Edelmetalle gehandelt werden, wie zum Beispiel Gold, Silber, Aluminium, Nickel, usw. Die wichtigsten Metallbörsen sind der London Metal Exchange (LME) und der COMEX in New York.

Am häufigsten verbindet man mit dem Begriff Börse heute jedoch den Handel mit Wertpapieren, und dabei wiederum den Handel mit Aktien. Auch in diesem Buch wird der Schwerpunkt vor allem auf den Wertpapierbörsen liegen, die man auch Effektenbörsen nennt. Die Objekte, mit denen gehandelt wird, sind vor allem *Aktien*, *Anleihen* und Derivate. Der Handel mit Anleihen übersteigt dabei den Handel mit Aktien um ein Vielfaches.

Die dritte wichtige Form von Börsen ist der Devisenhandel. Hierbei wird mit Währungen, genauer: mit auf eine bestimmte Währung lautenden Forderungen, gehandelt. In der Fachsprache werden Devisenbörsen als

FX bezeichnet, abgeleitet vom englischen »Foreign Exchange«. Der Devisenmarkt wird im Wesentlichen über Banken organisiert, die über Telefon und Computer in kontinuierlichem Kontakt sind.

Eine eher unbekannte Form von Börse sind schlussendlich Dienstleistungsbörsen, auf denen zum Beispiel mit Versicherungsverträgen, wie etwa auf der Hamburger Versicherungsbörse, gehandelt wird.

Die Börse boomt

In den letzten Jahren boomte die Börse. Die Frankfurter Börse registrierte 1980 einen jährlichen Umsatz von 80 Milliarden DM, bis zum Jahr 1995 stieg dieser Betrag auf 6075 Milliarden DM. Geschichtlich gesehen hat die Börse jedoch immer wieder Phasen des Niedergangs, des Aufstiegs und der Stagnation erlebt. Das Auf und Ab der Börse ist abhängig von wirtschafts- und gesellschaftspolitischen Veränderungen. Zum Anstieg der Umsätze in den 8oer Jahren etwa trug die von staatlicher Seite betriebene Hochzinspolitik mit dem Ziel der Inflationsbekämpfung bei, die Wertpapiere als Anlageform attraktiver machte. Unternehmen auf der Suche nach neuen Investitionsmöglichkeiten investierten in der Folge zunehmend in diesen Sektor. Auch die Deregulierung der Finanzmärkte und die Computerisierung haben den Umfang des Handels stark anwachsen lassen.

In jüngster Zeit hat sich die Börse wieder stark gewandelt: Von einem abgeschotteten Insiderclub ist sie zum Gegenstand von Partygesprächen und Mittagstischkonversationen geworden. Auch für diese derzeitige »Börseneuphorie« gibt es gesellschaftspolitische Ursachen. Das Thema Börse verbindet sich mit anderen Themen in der politischen Debatte, etwa, wenn es um »Standortpolitik« oder die Reorganisation der Altersversorgung geht.

Die Börse – ein vollkommener Markt?

Die Börse ist ein Marktplatz. Das Spezielle am Markt Börse ist, dass es hinsichtlich Zeit, Ort, Teilnehmern und

Die Deutsche Börse: öffentlich oder privat?

Die Deutsche Börse in Frankfurt ist rechtlich gesehen zweiteilig organisiert: Die Frankfurter Wertpapierbörse, also der Handelsplatz selbst, ist eine Anstalt öffentlichen Rechts. Alle konkreten Einrichtungen der Börse, wie etwa die Börsenräume, deren Ausstattung, die Computersysteme, usw., gehören jedoch der Deutschen Börse AG, einer privatrechtlichen Institution. Die Deutsche Börse AG fungiert als Trägergesellschaft der Wertpapierbörse. Der öffentlich-rechtliche Aspekt soll dafür sorgen, dass am Marktplatz Frankfurt »öffentliche Interessen« gewahrt werden.

Ablauf des Handels genaue Regeln gibt, die in Börsengesetzen fixiert sind. Lange Zeit waren Börsen physische Handelsplätze: Im Börsensaal trafen sich die Marktteilnehmer. In den letzten Jahren ist der unmittelbare Kontakt zunehmend dem Handel mit Computern gewichen, was eine enorme Beschleunigung bewirkte und bestimmte Formen des Handels, wie etwa anonyme Transaktionen, vereinfachte.

In der Wirtschaftstheorie wird die Börse häufig als vollkommener Markt beschrieben, auf dem perfekter Wettbewerb herrscht:

– Die Güter, mit denen gehandelt wird, sind homogen. Auf der Börse wird in der Tat mit Objekten gehandelt, die standardisiert und daher beliebig austauschbar sind. In der Fachsprache nennt man diese Eigenschaft »Fungibilität« oder »gegenseitige Vertretbarkeit«.

– Der Markt ist atomisiert, die Anzahl der Marktteilnehmer ist groß. Viele Anbieter treffen auf viele Nachfrager. Daher kann kein Einzelner – wie das etwa im Monopol der Fall ist – den Preis eines gehandelten Objektes beeinflussen.

– Auf dem Markt herrscht perfekte Information. Die einzelnen Kauf- und Verkaufsvorgänge sind transparent, und alle Marktteilnehmer haben Zugang zu ihnen. In der Börse können die Händler die Geschäfte auf einer großen Tafel beobachten und sich über die aktuellen Kurse informieren.

– Der Zeitbedarf der Anpassung ist Null. An der Börse treffen Angebot und Nachfrage direkt aufeinander, der Handel erfolgt unmittelbar, und der entsprechende Austausch spiegelt sich daher sofort im Preis (den Kursen) wider.

Kritiker der Theorie vom vollkommenen Markt führen jedoch an, dass es vollständige Konkurrenz in der Realität nicht gibt: Die Wirtschaftsstruktur ist geprägt von Monopolen und Oligopolen, die aufgrund ihrer Stärke einen Informationsvorsprung gegenüber kleineren Anbietern haben. Nur selten findet man einen Markt, auf dem wirklich mit homogenen Gütern gehandelt wird – so die Einwände. Börsen wurden diesbezüglich immer ein wenig als Ausnahmen gesehen, weil die Kriterien für den perfekten Wettbewerb auf sie noch am ehesten zutreffen. Doch auch auf Börsen geht es nicht ganz so vollkommen zu, wie im Modell beschrieben. Die so genannten institutionellen Anleger, also *Investment-* und *Pensionsfonds*, Banken und andere Großinvestoren, haben aufgrund ihrer Finanzmasse und des besseren Zugangs zu Informationssystemen mehr Einfluss auf das Geschehen an der Börse als Kleinanleger, also private, vereinzelte Investoren, die oftmals überhaupt nur mittels der großen Anleger an der Börse tätig sein können. Regelmäßige Börsenskandale, wie Insiderhandel, bei dem Investoren ihr teilweise auf illegale Weise erworbenes Wissen nutzen, um sich auf Kosten anderer zu bereichern, zeigen, dass die in der Theorie beschworene Markttransparenz nicht der Realität entspricht. Tatsächlich ist gerade die Börse ein Ort, an dem gezielt Gerüchte gestreut werden, um die Kurse und Geschäfte zu beeinflussen.

Investmentfonds, Pensionsfonds

Investmentfonds sind Unternehmen, die das Geld von Anlegern sammeln, um es für diese gegen eine Gebühr anzulegen. Diese Fonds verwalten daher große Summen, die es allen Beteiligten ermöglichen, günstige Konditionen (z.B. Gebühren) zu erlangen. Pensionsfonds, bei denen im Gegensatz zu Investmentfonds das jederzeitige Abziehen der angelegten Gelder nicht möglich ist, verwalten das Geld ihrer Einzahler über lange Jahre hinweg, um es ihnen, wenn sie in den Ruhestand eintreten, auszuzahlen.

In den letzten Jahren hat sich die Börse gewandelt. Veränderte wirtschaftspolitische Rahmenbedingungen haben neue Börsen mit neuen Produkten und Handelsformen entstehen lassen. Damit einhergehend sind auch Betrug und Spekulation wieder in Mode gekommen.

Von Brügge nach New York

Manche Historiker datieren den Ursprung der Börse bis in die vorchristliche Zeit. Doch über die Jahrhunderte hinweg hat sich der Charakter von Börsen immer wieder gewandelt. Statt eine Universalgeschichte der Börse zu verfassen, ist es sinnvoll, sie im jeweiligen historisch-geographischen Kontext zu betrachten.

Die ersten Börsen

Zu einer Institutionalisierung von Börsen kam es erst im Mittelalter, zu Beginn des 15. Jahrhunderts. Von da an lässt sich die Geschichte der Börse bis ins heutige Jahrhundert verfolgen.

Die Anfänge eines organisierten Handels mit börsenähnlichen Papieren können im ausgehenden Mittelalter nachgewiesen werden. Zunehmend reger Handel der damaligen Ökonomien und damit verbundene Zahlungsprobleme ließen vor allem zwei Wertpapiere an Bedeutung gewinnen, nämlich Rentenbriefe und Wechsel. Als Zahlungsinstrumente erleichterten sie zunächst die Abwicklung von Handelsgeschäften. Da sie übertragbar waren, entstand allmählich auch ein Handel mit diesen Papieren selber ist. Mehr noch als Rentenpapiere wurden Wechsel immer öfter verkauft und gekauft. Denn Wechsel galten als »fungibel«, d. h. sie waren im Wesentlichen standardisiert und damit nahezu identisch, was den Handel mit ihnen erleichterte. Schon bald erkannten Geschäftsleute, dass all dies sich noch wesentlich einfacher abwickeln ließe, wenn man den Kauf und Verkauf von Wechseln an einem Ort bündelte. So entstanden vorwiegend in den großen Handelsstädten des Mittelalters an zentralen Plätzen Börsen, zunächst ausschließlich Wechselbörsen. Der Stadt Brügge wird gemeinhin in der Börsenliteratur die erste Börse zugeschrieben, und zwar im Jahre 1409. 1460 folgte Antwerpen. Die Gründung von Börsen hat sich danach beschleunigt, in den nächsten

Die Börse in Brügge

»Man findet noch wenige Zeugnisse des damaligen Welthandels: die Faktorei der Genuesen an der Vlamingstraat, mit Verkaufsraum im Erdgeschoss und einem Festsaal hinter hohen Maßwerkfenstern (Ende 14. Jh.); schräg gegenüber das Handelshaus der Republik Florenz. Dieser Platz, an dem auch Venezianer und Katalanen ihre Kontore hatten, hieß schon auf einem Stadtplan des 16. Jahrhunderts ›Byrsa Brugensis‹ (Börse von Brügge). Vor dem Haus der Familie van der Beurze war der geschäftliche Treffpunkt der Kaufleute, die erste Börse. In Antwerpen, der Handelsnachfolgerin Brügges, gab es seit 1531 ein Börsengebäude.«

Deutschland & Europa, Nr. 1/1998, Ausgabe: Flandern

Dekaden folgten unter anderem mehrere Institutseröffnungen in Flandern, den Niederlanden, England und Frankreich. In der zweiten Hälfte des 16. Jahrhunderts sind Börsen auch für Deutschland belegt. Die Städte Nürnberg, Augsburg, Frankfurt, Hamburg und Köln machen sich bis heute streitig, wo nun tatsächlich der Anfang gemacht wurde. Es ist jedoch Frankfurt, das schon bald zur wichtigsten Börse werden sollte.

Der erste Aktienhandel

Im 18. Jahrhundert wurde der Handel mit Aktien, bis heute das Hauptgeschäft von Börsen, eingeführt. Dieser erste Aktienhandel entwickelte sich zunächst als Nebengeschäft an den Wechselbörsen, bevor sich eigenständige Einrichtungen, so genannte Effektenbörsen, gründeten. Eine solche unabhängige Börse war zum Beispiel der heutige New York Stock Exchange (NYSE). Seine Entstehung zeigt, dass man für den damaligen Wertpapierhandel noch nicht mal ein festes Gebäude benötigte: Die Treffen der Wertpapierhändler von New York fanden unter freiem Himmel, geschützt lediglich durch eine Platane, mehr oder weniger auf der Straße statt.

Im 18. Jahrhundert entstanden in den USA und Europa jene Börsen, wie wir sie heute kennen. Einer der Vorreiter war damals Berlin, wo 1739 eine Börse eingerichtet wurde. 1771 folgte die zu ihrer Zeit wichtige Börse von Wien,

Vor dem Haupteingang der Börse ist alles sauber

die heute im europäischen Börsengeschehen ein Schattendasein fristet.

Merkmal aller Börsengründungen jener Zeit war, dass sie von den Händlern und Geschäftsleuten selbst organisiert wurden und der Staat sich fern hielt. Erst viel später griff er regulierend, z. B. in Form der Börsenaufsichten, ein.

Kolonialisierung und Börse

Die Veränderungen des Kapitalismus zu jener Zeit, die räumliche Expansion und die Kolonialisierung weiter Teile Asiens, Afrikas und Südamerikas hatten das Entstehen neuer Instrumente des Zahlungsverkehrs befördert. Zugleich erforderten die Kolonialgeschäfte vor allem erheblich Kapital. Insbesondere zwei mächtige Unternehmen, beides Schifffahrtsgesellschaften, spielten im internationalen Handel sowohl mit Waren wie mit Wertpapieren eine gewichtige Rolle: die englische East India Company und die nach dem englischen Vorbild entstandene Vereinigte Holländische Ost-Indische Kompanie. Für ihre Tätigkeiten in Indien gründeten sie so genannte Wagnisgesellschaften, an denen man sich in Form von Aktien beteiligen konnte. Das holländische

Unternehmen sorgte letztlich dafür, dass die Börse von Amsterdam (entstanden etwa 1530) zur wichtigsten Börse der folgenden Dekaden wurde. Ähnlich wie zu Beginn der New Yorker Börse dürfte es auch in Amsterdam anfänglich recht formlos zugegangen sein.

Von der Wagnis- zur Aktiengesellschaft

Der Name Wagnisgesellschaft zeigt schon an, dass es sich um riskante Vorhaben handelte. Die Finanzierung durch Aktien blieb in jener Zeit tatsächlich vor allem mit Risiko behafteten Unternehmungen vorbehalten. Von Beginn an verbindet sich mit Aktien daher etwas Spekulatives. Weniger riskant, allerdings immer noch von großer Reichweite, waren die nächsten Vorhaben, die durch Aktien finanziert wurden: der Bau der Eisenbahnen in Europa und in den USA oder der Bergbau. In der beginnenden industriellen Revolution konnte die Finanzierung durch Aktien sich durchsetzen, die Gründung von Aktiengesellschaften wurde befördert. In jenen Ländern, wo die Industrialisierung am zügigsten voranschritt, begannen das Finanzwesen und die Börsen – in London, New York, Paris – sich am kräftigsten zu entwickeln: Es ist nicht uninteressant, die Entstehung der Fachsprache, des so genannten »Börsenlateins«, in diesem Zusammenhang zu beobachten. Die wechselnde Vormachtstellung der Börsen sowie der Finanzplätze im Allgemeinen über die jeweiligen Jahrhunderte hinweg spiegelt sich auch in der Sprache der Börsianer wider: von den mittelalterlichen Kredit- und Geldzentren Italiens kommen das Agio und Disagio, die Pariser Börse steuerte Baisse und Hausse, Arbitrage und Portefeuille bei, bis New York und London das Börsenvokabular mit Anglizismen auffüllten.

Regionalbörsen

Wer an Börse in Deutschland denkt, dem fällt Frankfurt ein. Daneben existieren jedoch mehrere Regionalbörsen. Ihre Existenz verdanken sie vor allem Nischengeschäften. In den letzten Jahren haben sich die deutschen Nebenbörsen vor allem für Kleinanleger gerüstet und überlassen Frankfurt den institutionellen Anlegern. 40 Prozent der Aktiengeschäfte von Privatanlegern liefen 1999 über die regionalen Börsen. Eine erfolgreiche Spezialisierung gelang zudem den Börsen in Berlin und Stuttgart. Berlin wurde einer der wichtigsten Handelsplätze für ausländische Aktien, Stuttgart stand Anfang 2000 bei den so genannten Optionsscheinen sogar an der Umsatzspitze Deutschlands.

Vom Kolonialismus bis zur industriellen Revolution erlebte die Börse einen graduellen Funktionswandel. Zunächst erleichterte sie internationale Zahlungsvorgänge, während der Industrialisierung diente sie der Finanzierung großer Vorhaben.

Die Börse in Deutschland

In Deutschland entstanden die ersten maßgeblichen Börsen – so genannte Wechselbörsen – gegen Ende des 16. Jahrhunderts. Mehrere Finanzzentren in den 34 deutschen Staaten kämpften um die Vorherrschaft.

Deutsche Staaten ohne zentralen Finanzplatz

Die frühesten Papiere, die an Aktien erinnern, waren die so genannten *Kuxe* in Mitteldeutschland. Kuxe wurden Anteile an Bergwerken genannt, mit denen der Bergbau vor allem in Sachsen und Thüringen finanziert wurde. Bereits diese ersten Titel wurden spekulativ gehandelt.

Das Entstehen von Aktienbörsen ist jedoch erst Mitte des 19. Jahrhunderts festzustellen. Dies hängt vor allem mit dem späten Beginn der Industrialisierung in Deutschland zusammen, die im Vergleich zur führenden Industriemacht Großbritannien um gut ein halbes Jahrhundert später einsetzte.

Zudem fehlte lange ein gemeinsamer politischer und institutioneller Rahmen in den 34 eigenständigen deutschen Staaten, von denen jeder eine unterschiedliche Ausgestaltung der Finanz- und Kapitalmärkte hatte. Manche Länder, wie etwa Preußen, erließen zwar bereits 1843 Aktiengesetze, in denen die Bildung von Aktiengesellschaften reguliert war, hielten sich bei der Genehmigung dann aber zurück. Das Bankhaus Rothschild etwa fühlte sich von Preußens Regierenden derart düpiert, dass es neben seinen Geschäftsstellen in Frankfurt, London, Paris, Neapel und Wien keine weitere Dependance in Berlin eröffnete. Von Preußens Reserviertheit profitierten allerdings andere, vor allem kleinere Staaten wie etwa Sachsen-Meiningen oder Hessen-Darmstadt, die in die Finanzierungsnischen vorpreschten.

Bereits damals bildeten sich Aktiengesellschaften vor allem in der Form von Aktienbanken, etwa die Bank für Handel und Industrie in Darmstadt, die spätere Danat-

Bank. Sie behielten die Aktien im Wesentlichen, statt regen oder spekulativen Handel mit ihnen zu betreiben. Trotz Preußens Zurückhaltung war es jedoch Berlin, das im 19. Jahrhundert den Aktienhandel dominierte. Frankfurt war zu dieser Zeit vor allem für den Rentenmarkt, an dem Staatsanleihen gehandelt wurden, von Bedeutung. Im Norden Deutschlands setzte sich wiederum eine weitere spezifische Bankenform durch, die so genannten Landschaften, also Bodenkreditanstalten, deren Hauptgeschäft in Grundpfandbriefen und *Hypotheken* bestand. Obwohl immer mehr Banken gegründet wurden und ihre Geschäftbereiche ausdehnten, erlangten Börsen in Deutschland bei weitem nicht die Bedeutung von international dominierenden Plätzen wie London, Paris und New York. Mit der Reichsgründung 1871 wurde schließlich ein Hemmnis für Finanzgeschäfte beseitigt: Die verschiedenen Währungen der einzelnen deutschen Staaten wurden durch eine gemeinsame Währung ersetzt.

Von den Gründerjahren zum »Gründerkrach«

Die nach der Gründung des Deutschen Reichs bezeichneten »Gründerjahre« sind auch finanzgeschichtlich bedeutsam. Von 1871 bis 1873 entstanden über 900 neue Aktiengesellschaften und Aktienbanken. Doch der Eu-

Hypothekenbanken

Hypothekenbanken sind Kreditinstitute, die sich auf das Beleihen von Grundstücken spezialisiert haben. Für die Refinanzierung eines Hypothekenkredits (Geldaufnahme zum Zweck des Grundstückskaufs) werden »Hypothekenpfandbriefe« ausgegeben. Im 19. Jahrhundert gab es im Norden Deutschlands zahlreiche Hypothekenbanken.

Eine Neuemission wartet auf Makler

phorie war nur kurze Zeit beschert, bereits 1873 kam es zum so genannten Gründerkrach, in dem viele Unternehmen pleite gingen. Die europaweite Bankenkrise Ende des 19. Jahrhunderts erfasste auch die deutschen Finanzinstitute und führte zu zahlreichen Bankrotten.

In der Finanzwelt wird solch ein Krach nicht selten als ein reinigendes Gewitter interpretiert. In der Folgezeit kam es jedenfalls zur Wiederbelebung des Börsen- und Bankgeschehens mit Neugründungen von Aktiengesellschaften und Großbanken. Bereits damals etablierte sich die für Deutschland so typische Verflechtung von Banken und Industrie, die erst in der heutigen Zeit einigen Veränderungen unterworfen ist. Ebenso scheint es typisch für Börsenturbulenzen zu sein, dass in ihrem Gefolge der Staat stärker in das Geschehen eingreift und durch Regulierungsmaßnahmen versucht, negative Entwicklungen zu vermeiden. 1896 wurde das erste deutsche Börsengesetz erlassen – übrigens vier Jahre vor der Vereinheitlichung des bürgerlichen Rechts in Deutschland.

In den ersten Jahren des 20. Jahrhunderts wurden in Deutschland die internationalen Finanzgeschäfte ausgebaut. Wenn auch nicht im gleichen Ausmaß wie in England und Frankreich, so erreichte man doch für österreichisch-ungarische, skandinavische und russische Staatsanleihen eine dominante Position.

Spekulation und Antisemitismus

Die Große Depression von 1929 löste auch in Deutschland die bis dato tief gehendste Enttäuschung in Bezug auf Börsen aus. Zeitweise musste der Börsenbetrieb gänzlich eingestellt werden. Spekulativen Börsenaktivitäten wurde die Schuld an der Wirtschaftskrise gegeben. Das Misstrauen der Bevölkerung gegen Börsen und Banken verbanden die Nationalsozialisten mit antisemitischer Propaganda, etwa nach der Gleichung »Juden = Finanzkapital«. Hitlers Regierung schränkte den Finanz- und Kapitalmarkt erheblich ein und forcierte vor allem den Schwerindustriesektor mit gewaltigen Aufrüstungs- und Kriegsprojekten.

Die Börse unter dem Schutz der Götter

Die Finanz- und Bankenbranche in Deutschland wurde nach dem Zweiten Weltkrieg wieder aufgebaut, und zwar von Personen, die keineswegs in Distanz zum Nationalsozialismus gestanden hatten. Beispielhaft ist die Geschichte von *Hermann J. Abs*. Das Prinzip der staatlichen Regulierung und Lenkung der Finanzmärkte und des Börsengeschehens behielt der für Deutschlands Nachkriegszeit bedeutendste Apologet der freien Marktwirtschaft, Ludwig Erhard, bei. In den 50er Jahren sollte das Finanzwesen in erster Linie dem Wohnungsbau und den Infrastrukturinvestitionen dienen.

Aktienhandel und Börse spielten daher eine untergeordnete Rolle, der Kursverlauf an der Börse war alles andere als aufregend. In den 60er Jahren wandelte sich, zumindest auf Regierungsebene, die Stimmung. Eine Pro-Börsen-Kampagne versuchte den Aktienbesitz unter der deutschen Bevölkerung populär zu machen. Mit den Teilprivatisierungen von Preussag, Volkswagenwerk und VEBA sollten erstmals auch weniger begüterte Bundesbürger »Volksaktien« erstehen. Die Kampagne verlief jedoch im Sand. Erst die Börseneuphorie in den 80er Jahren dürfte in Deutschland nachhaltig etwas verändert haben.

Hermann J. Abs

war stellvertretender Vorsitzender des KfW-Verwaltungsrates von 1948 bis 1952. Vom Sommer 1951 bis zum Frühjahr 1953 leitet Abs die hundertköpfige deutsche Delegation bei den Verhandlungen, die zum Londoner Schuldenabkommen führten, durch das die Auslandsverbindlichkeiten Deutschlands endgültig geregelt wurden. Nachdem Abs schon in den Jahren 1938 bis 1945 zum Vorstand der Deutschen Bank zählte, kehrt er 1952 zur Deutschen Bank zurück und wird zwischen 1957 und 1967 ihr Vorstandssprecher, um dann einmal zehn Jahre den Aufsichtsrat zu leiten.

http://ww.solidaritaet.com/ neuesol/1999/25/bsbox.htm

Bis heute hat die Börse in Deutschland nicht jenen Stellenwert erreicht, den sie im angloamerikanischen Raum hat. Die jüngste Börseneuphorie könnte das jedoch ändern.

Die Börse heute

Unterschiedliche Finanzsysteme in den USA und Großbritannien einerseits und Kontinentaleuropa andererseits tragen wesentlich zur unterschiedlichen Dynamik auf Börsen in diesen Ländern bei.

Trennbanken- und Universalbankensystem

Trennbanken- oder Universalbankensystem

Das Trennbankensystem (vor allem in den USA) erlaubt Banken und Finanzinstituten nur bestimmte Geschäfte. Sie werden getrennt in Geschäfts-, Wertpapier- oder Investmentbanken. Eine Bank darf also entweder Kredite verleihen oder Wertpapiergeschäfte betreiben, aber nicht beides. Im Universalbankensystem (Deutschland und Japan) darf ein Finanzinstitut sowohl im Kredit- wie auch im Investmentgeschäft tätig sein. Eine Bank darf also zum Beispiel sowohl Kredite verleihen wie auch Wertpapiergeschäfte betreiben.

Der Börsen-Crash von 1929 stellte eine Zäsur in der Börsengeschichte dar. Die in den Jahren davor anhaltende Euphorie auf den Finanzmärkten wurde jäh unterbrochen. Der Börse wurde die Schuld für die einschneidende wirtschaftliche Krise gegeben. Den Finanzsektor in den USA unterwarf man daraufhin strengen Regulierungen: Der so genannte Glass-Stegall Act von 1933 veränderte die US-amerikanische Bankenlandschaft nachhaltig, weil mit ihm eine Trennung der Finanzinstitute in Investmentbanken und Geschäftsbanken durchgesetzt wurde. Letztere waren von Börsenaktivitäten ausgeschlossen. Dieses so genannte Trennbankensystem besteht, trotz zahlreicher Aufweichungsversuche, bis heute. Die Aufteilung der Tätigkeitsbereiche diente dazu, Interessenkonflikte zu vermeiden sowie missbräuchliche Praktiken und Marktmanipulationen, wie es sie vor 1930 sehr häufig gegeben hatte, zu verhindern. In den kontinentaleuropäischen Ländern blieb zwar das Gegenstück zum Trennbankensystem, das Universalbankensystem, bestehen. Dafür wurde der Stellenwert der Börse in der Volkswirtschaft insgesamt zurückgeschraubt.

Deutschland und die USA gelten daher in der Finanzliteratur als Gegenpole, die zwei unterschiedliche Modelle repräsentieren. Das Finanzsystem der USA, ebenso wie das von Großbritannien, wird üblicherweise als kapitalmarktzentriert beschrieben. Es gibt viele börsennotierte Firmen, der Aktienbesitz ist weit gestreut, der Kapitalmarkt groß und liquide, zwischen den Unternehmen gibt es wenig Kapitalverschränkungen. Die Kontrolle des Managements von großen Firmen erfolgt vorwiegend über den Kapitalmarkt (»Outsider Control System«). Schuldnerfreundliche Konkursgesetze bevorzugen Aktionärsinteressen. Starke Gewinnorientierung gilt als dominantes Unternehmensziel, die kurze Anlagefrist ist von stärkerer Bedeutung. In Deutschland und anderen kontinentaleuropäischen Staaten ist hingegen das bankenzentrierte Modell vorherrschend. Die Kapitalmärkte spielen eine vergleichsweise geringe Rolle, das gesamte Finanzsystem (Kredit und Börse) wird von den Banken dominiert. Es gibt weniger börsennotierte Unternehmen, zudem befinden sich große Anteile in den Händen von Kernaktionären (Banken, Versicherungen, anderen Großunternehmen), die ihre Anteile nicht handeln. Ein Aufsichtsrat kontrolliert das Management und vertritt die Interessen sowohl von Aktionären wie auch von Gläubigern, anderen Unternehmen und Arbeitnehmern. Die Zusammensetzung dieser Aufsichtsräte rekrutiert sich hauptsächlich aus »Insidern«, also etwa aus Vertretern von Banken oder ehemaligen Managern. Insbesondere die Banken haben einen erheblichen Einfluss auf die Aktiengesellschaften, weil sie über ihren eigenen Anteil hinaus auch noch die Depotstimmrechte für andere Aktionäre ausüben.

Deregulierung und Liberalisierung

Die Börsen der USA und Großbritanniens mit ihrem Trennbankensystem wiesen in den letzten Jahrzehnten

Deregulierung
Ökonomische Regulierung bedeutet, Regeln, Auflagen und Gesetze für wirtschaftliche Aktivitäten zu lockern bzw. gänzlich aufzuheben. Die Beseitigung von Bestimmungen sowie die Rücknahme staatlicher Eingriffe sollen für mehr Wettbewerb sorgen. Deregulierungen können beispielsweise sein: Lockerung der strengen Bestimmungen im Trennbankensystem, Lockerung der Börsenaufsicht usw.

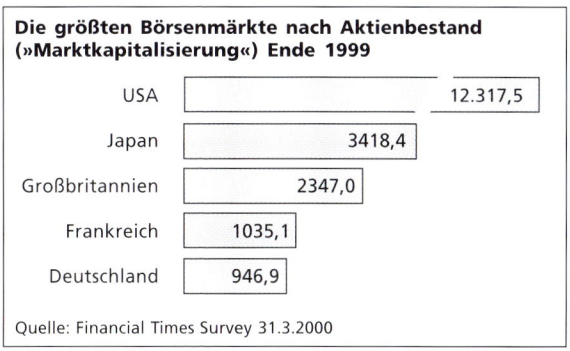

Die größten Börsenmärkte nach Aktienbestand (»Marktkapitalisierung«) Ende 1999

USA	12.317,5
Japan	3418,4
Großbritannien	2347,0
Frankreich	1035,1
Deutschland	946,9

Quelle: Financial Times Survey 31.3.2000

Liberalisierung

Bei wirtschaftlicher Liberalisierung geht es im Wesentlichen darum, den Zugang zu Märkten zu öffnen bzw. zu erleichtern. Liberalisierungspolitik will nicht nur durch die Rücknahme von Gesetzen (im Gegenteil, manchmal werden extra welche geschaffen), sondern generell durch gute Angebotsbedingungen für einen freien Wettbewerb sorgen. Politische Steuerung soll abgelöst werden durch den Marktmechanismus, also über das Wechselspiel von Angebot und Nachfrage.

die größere Dynamik auf, beide sind auch die tonangebenden Länder auf den internationalen Finanzmärkten.

Insbesondere in den 8oer Jahren unterstützten die Regierungen Reagan und Thatcher immer wieder das Finanzkapital ihrer Länder mit einer sukzessiven Deregulierung und Liberalisierung der Finanzmärkte. Diese staatlichen Maßnahmen waren als Hilfe für das britische und US-amerikanische Finanzwesen gedacht, dessen expansive Aktivitäten an Grenzen stießen. Die Börsenderegulierung in London ging unter dem Titel »Big Bang« in die Geschichte ein: Im Zuge des Big Bang wurde die Computerisierung des Börsenhandels eingeführt und die Börsenumsatzsteuer sowie andere Börsenkosten gesenkt. Der wichtigste Punkt war allerdings die Aufhebung von Restriktionen für unterschiedliche Brokertypen. Ein einzelner Broker konnte nun in wesentlich mehr Geschäften tätig sein als zuvor.

All diese Maßnahmen führten zu einer regelrechten Deal Mania, das heißt, zu einem euphorischen Handel mit Wertpapieren jeder Art.

Derivate

Die 8oer Jahre waren auch das Jahrzehnt des Wachstums im Handel mit so genannten Derivaten. Derivate wie etwa Optionen und Futures sind keineswegs neue Erfindungen dieser Dekade, derartige Papiere gab es schon zuvor. Sie dienten insbesondere in der Landwirtschaft als Absicherung gegen schlechte Ernten, indem schon Monate vor der Ernte vermittels einer Option ein fixer Warenpreis vereinbart wurde. Mit dem Bedeutungsverlust der Landwirtschaft fielen Derivate in eine Art Dornröschenschlaf, ehe sie in den letzten zwei Dekaden des 20. Jahrhunderts zu neuem Leben erwachten und eine Welle von Produktinnovationen im Finanzbereich auslösten. Damit setzte eine Verallgemeinerung des Derivatprinzips für nahezu alle Finanzmarktgeschäfte ein.

Nicht nur die Finanzprodukte selbst erlangten erneut Bedeutung, sondern auch jene Börsen, deren traditionelles Geschäft der Terminhandel mit Futures und Optionen

gewesen ist, die so genannten Terminbörsen. Die älteste und bis heute dominierende unter ihnen ist der Chicago Board of Trade (CBOT). Sie ist dem Chicagoer Kranführer Richmond zu verdanken, der etwa 1850 Geschäftsleute anregte, Klassifizierungssysteme für schwer standardisierbare Waren wie Schweine, Getreide und Obst zu entwickeln. Mit dieser Klassifizierung konnten unterschiedliche Güter hinsichtlich Eigenschaften, Terminen, Preisen, usw. vergleichbar gemacht werden. Ein Merkmal, das auch Derivaten zugrunde liegt.

Konkurrenz droht den Terminbörsen vom so genannten Over The Counter-Handel (OTC). Die Bank für Internationalen Zahlungsausgleich (BIZ) schätzt, dass rund 90 Prozent des Derivatenhandels über die OTC-Geschäfte läuft, an der Börsenaufsicht und Berichtspflicht vorbei. Dieser neue Handel betrifft jedoch nicht nur die Derivate, sondern auch den sonstigen Wertpapierhandel. So genannte außerbörsliche Handelsplattformen gewinnen immer mehr an Bedeutung.

Investmentmoden

Die Papiere, in die Anleger investieren, ändern sich immer wieder. Man kann regelrecht von Investmentmoden sprechen: Wurde in den 70er Jahren aufgrund der Inflation vor allem in Gold und andere Rohstoffe investiert, so kamen in den 80er Jahren vor allem Aktien in Mode. Hohe Zinsen Ende der 80er Jahre veranlassten wiederum die Investment Community, auf Termineinlagen umzusteigen. Ebenfalls im Trend damals: so genannte »offshore currency funds«, die der Devisenspekulation dienten. Die 90er Jahre wiederum erlebten eine Diversifizierung des Aktienmarktes: Da kamen zum Beispiel Technologiewerte oder neue geographische Anlagesphären (Osteuropa, Asien etc.) in Mode.

Die Börsengeschichte der letzten Jahre ist geprägt durch Deregulierung und Liberalisierung und das Anwachsen des Derivatenhandels. Die zunehmenden außerbörslichen Handelsplattformen werden von Regierungen und Börsenlobbies mit Skepsis betrachtet.

Der Crash von 1929

**Die Geschichte der Börse kennt seit jeher Krisen.
Von einem Crash spricht man, wenn der Einbruch der
Kurse mehr als zehn Prozent an einem Tag beträgt.
Dies war der Fall im Oktober 1929.**

Die Börseneuphorie Anfang des 20. Jahrhunderts

Wie allen großen Crashs ging auch jenem des Jahres
1929 eine regelrechte Börseneuphorie mit spekulativen
Tendenzen voran. Die 20er Jahre erlebten einen dynami-
schen Bull Market, der die Börsenindizes der wichtigsten
Finanzzentren der Welt, allen voran den New Yorker Dow
Jones, immer wieder in ungeahnte Höhen trieb. Diese
Euphorie wurde genährt durch die lockere Geldpolitik
der US-amerikanischen und britischen Zentralbanken,
die dafür sorgten, dass ausreichend Liquidität für Anleger zur Verfügung stand. Zudem kam es Anfang der
20er Jahre zu einer Diversifizierung und Erweiterung
hinsichtlich der Finanzierungsmöglichkeiten von Unternehmen. Neben der Aktienemission erlangte nun auch
die Ausgabe von Schuldtiteln, so genannten Bonds, erstmals massive Bedeutung. Die Stimmung in der Wirtschaft war generell rosig, die Profite hoch. Gegen 1928
begannen Letztere zu stagnieren. Doch Geld für die Bör-
sengeschäfte war immer noch genug im Umlauf, denn
die Banken und andere Kreditgeber waren nach wie vor
bereit, Liquidität zur Verfügung zu stellen. Warnungen
vor einer zu lockeren Kreditvergabe wurden überhört.
Die »Spekulationsorgie«, wie sie in der einschlägigen

**Die Weltwirtschafts-
krise der 30er Jahre**

- Industrieproduktion sank auf 54 % des Ausgangsniveaus
- Sozialprodukt sank auf 43 % des Ausgangsniveaus
- Zahlreiche Bankenzusammenbrüche und Unternehmens-
  konkurse
- Reallöhne sanken von 1929–1930 um 60 %
- Massenarbeitslosigkeit ohne Arbeitslosenversicherung
- Bankrott zahlreicher US-Großstädte im Jahr 1932

Literatur gerne genannt wird, erreichte ihren Höhepunkt im September 1929, als der Dow Jones den Spitzenwert von 381 Punkten erreichte.

Der Schwarze Freitag

Im Oktober 1929 änderte sich die Situation grundlegend. Was bis Mitte des Monats wie eine leichte Korrektur aussah, endete am 24. Oktober im so genannten Schwarzen Donnerstag. Insgesamt fiel der Dow Jones in diesen turbulenten Tagen um 29,5 Prozent. Am Tag darauf schwappte die Krise auf Europa über und mündete im Schwarzen Freitag. Das Ausbleiben von wirtschaftspolitischen Interventionen seitens der Regierungen und Zentralbanken führte dazu, dass der Crash in eine tiefe wirtschaftliche Stagnation mündete, die so genannte Große Depression. In Panik versetzt, gab es so gut wie niemanden mehr, der bereit war, Geld zu verleihen. Die Unternehmen stoppten ihre Investitionen und schränkten die Produktion ein, insgesamt fiel diese von August 1929 bis März 1933 um rund 50 Prozent. Hinzu gesellte sich noch eine ausgeprägte Deflation, welche die Nominalschulden in die Höhe trieb und damit etliche Kredite faul werden ließ. Der Konsum ging drastisch zurück. Anzeichen für eine sinkende Nachfrage gab es bereits vor dem Crash, denn die Profite der Unternehmen waren nicht zuletzt durch die niedrigen Reallöhne so hoch gewesen. Viele Ökonomen meinen daher, Ursache für den Crash sei eine klassische Überproduktionskrise gewesen.

Die Auswirkungen des Crashs waren für die Weltwirtschaft einschneidend. In den USA waren es Roosevelts wirtschaftspolitische Reformen der 30er Jahre, die der Krise Einhalt geboten. In Europa konnte sich ein stabiles wirtschaftliches System überhaupt erst wieder nach dem Faschismus und dem Zweiten Weltkrieg entwickeln.

Die Große Krise

»The vested interest in euphoria leads men and women, individuals and institutions to believe that all will be better, that they are meant to be richer and to dismiss as intellectually deficient what is in conflict with that conviction.«

John Kenneth Galbraith: Der große Crash, München 1989

Der Börseneuphorie Anfang der 20er Jahre folgte der Crash 1929. Fehlende wirtschaftspolitische Interventionen ließen die Krise in der »Großen Depression« münden.

Der Crash von 1987

Am 19. Oktober 1987 fand der größte Crash statt, den die Wall Street bis dato erlebt hatte. Er ging als »Schwarzer Montag« in die Börsengeschichte ein.

Von Melbourne nach New York

Die erste große Börse, die an einem Handelstag öffnet, ist jene von Melbourne in Australien. Als am Montag, den 19. Oktober 1987, dort der Handel begann, fielen die Kurse innerhalb von Minuten in den Keller. Kurze Zeit später brach in Tokio der Nikkei-Index ein, dann der Heng Seng in Hongkong. Von Asien schwappte die Börsenpanik nach Europa über. Der Index des Londoner Stock Exchange (FTSE) verlor 12 Prozent, und in Frankfurt wurde der Handelsschluss verlängert, um die vielen Verkaufsangebote noch erledigen zu können. Mit diesen unerfreulichen Vorgaben öffnete die wichtigste Börse der Welt, der New York Stock Exchange. Bereits nach einer Stunde war klar, dass die Abwärtsbewegung nicht zu stoppen sein würde. Nahezu 95 Prozent des Aktienhandels betrafen Verkaufsorder, alle Händler wollten ihre Papiere loswerden. Resultat: Bei Börsenschluss war der Dow Jones um 22,6 Prozent gefallen, der größte Einbruch, den die New Yorker Börse je erlebt hatte.

Krisenursachen

Gesamtwirtschaftlich gesehen hatte sich vor dem Crash in den USA einiges zusammengebraut. Die Wirtschaft war geprägt von einem sinkenden Dollarkurs, steigenden Zinsen sowie einem wachsenden Außenhandels- und Budgetdefizit. Diese Daten beunruhigten die internationalen Investoren und veranlassten sie, ihre auf US-Dollar lautenden Wertpapiere loszuwerden.

Fast so schnell wie die Kurse purzelten, kamen auch schon die ersten Erklärungen, geprägt von der Absicht, die verunsicherten Anleger zu beruhigen. Diesen Be-

Leere Büroräume um 11 Uhr im Frankfurter Börsengebäude

schwichtigungsversuchen folgten erst nach geraumer Zeit tiefer gehende Analysen zu den Ursachen dieses Crashs.

Die wichtigsten Erklärungsansätze waren:
– Die Computerisierung des Aktienhandels: In den Jahren vor 1987 wurden die Börsen der Welt zunehmend mit neuem technologischen Rüstzeug ausgestattet. Der elektronische Aktienhandel erlaubte nicht nur weltweite Deals rund um die Uhr, sondern führte auch zu einer Reihe neuer Finanzinstrumente (insbesondere elektronische Termingeschäfte) und damit zu neuen Formen der Spekulation, deren Dynamik den Handel zunehmend undurchschaubarer werden ließ. Vor allem die Wirtschaftspresse, aber auch die betroffenen Investmenthäuser selbst führten recht gerne diese Erklärung für den Crash an.
– Die Deregulierung und Liberalisierung der Finanzmärkte: Heute vor allem ein Argument von linken Ökonomen, führte 1987 auch die *Financial Times* den Crash auf die zunehmende Öffnung der Finanzmärkte zurück.
– Marxistische Ökonomen wie beispielsweise Ernest Mandel wiederum sahen vor allem in den dem Kapitalismus inhärenten Krisen- und Zusammenbruchstendenzen die Ursache des Crashs. Sie erkannten einen strukturellen Konflikt zwischen dem Industrie- und

Der Crash von 1987 erfasste auch die Börse von Hongkong und den Heng Seng-Index. Insbesondere ein Mann hatte jedoch besonderes Interesse am funktionierenden Handel: Ronald Li, Bordellbesitzer in Hongkong. Er wollte gerade sein Bordell »Club Volvo« an die Börse bringen. Daneben hatte Li auch den Vorsitz von Chine Kit Ltd. inne, einem der größten Brokerhäuser vor Ort. ...

dem Finanzkapital. Dem Crash sei eine Überakkumulationskrise vorangegangen, die nach und nach Vermögen in die Zirkulationssphäre (Banken, Börse) verschoben hatte, während die Profitrate im Bereich der industriellen Produktion stagnierte. Allerdings »ist es nur eine Frage der Zeit, bis der gesamte zur Verteilung gelangende ›Mehrwertkuchen‹ zu schrumpfen anfängt und auch der den Spekulanten und Geldkapitaleigentümern zur Verfügung stehende Teil absolut zurückgeht«, schrieben Ernest Mandel und Winfried Wolf 1988.

Zusammenfassend lässt sich zu diesen Erklärungsansätzen sagen:

– Die Computerisierung beschleunigt und erleichtert zwar den Aktienhandel. Das Grundgeschäft, der Kauf und Verkauf von Aktien, bleibt jedoch das Gleiche.
– Die Anfang der 80er Jahre gelockerten Rahmenbedingungen für den Handel auf den Finanzmärkten haben nicht nur die Finanztransaktionen beschleunigt, sondern auch neue, mitunter spekulative Formen des Handels begünstigt.
– Der Hinweis auf Krisentendenzen – wie bei Mandel/ Wolf – ist gewichtig, vermeidet er doch den kurzsichtigen Blickwinkel jener Erklärungsansätze, die den Crash vor allem finanzmarktintern deuten wollen. Er stellt die Entwicklung der Börsen in einen strukturellen Zusammenhang mit dem gesamtkapitalistischen Reproduktionsprozess.

Die Zentralbank interveniert

Der New York Stock Exchange und mit ihm die anderen Börsen erholten sich erstaunlich schnell vom Crash des Jahrhunderts. Am Dienstag, den 20. Oktober 1987, brach der Dow Jones zwar nach Anfangsgewinnen gegen Mittag wieder stark ein. Banken hatten begonnen, ihre Kreditlinien für Investoren zu sperren und ausstehende Kredite einzufordern. Damit wurde den Großanlegern das nötige Geld zum Handeln entzogen. Über die Mittagspause änderte sich jedoch die brisante Situation. Die Federal Reserve verlautbarte, dass sie den in Schwierigkeiten geratenen Institutionen Liquidität zur Verfügung stellen und die Zinssätze senken würde. Im Gegensatz zu 1929 intervenierte die Zentralbank also, um durch lockere Kreditbedingungen einen Zusammenbruch zu vermeiden. Als am Nachmittag die Nachfrage nach Aktien, vor allem von Großunternehmen, wieder stieg, wendete sich endgültig die Lage. Am Ende des Tages schloss der Dow Jones wieder um 186 Punkte höher. Die Börsianer konnten aufatmen.

Kleinanleger als Verlierer

Der Crash hinterließ aber auch Verlierer. Noch während des »Schwarzen Montags« gingen vor allem kleinere Brokerfirmen in Konkurs. Dies führte bei den Großen der Investmentbranche zu einer regelrechten Schnäppchenjagd. Nicht wenige Unternehmen konnten nur durch staatliche Unterstützung gerettet werden.

Als Hauptopfer des Crashs '87 gelten jedoch die so genannten Kleinanleger. Während Großanleger, wie die internationalen Investmentfonds, binnen Sekunden auf Kursschwankungen reagierten, konnten die Kleinanleger im günstigsten Fall kurz vor Börsenöffnung ihre Order an ihre Vermögensverwalter weiterleiten. Viele Private blieben daher auf ihren zusehends wertlosen Papieren sitzen. Da im angloamerikanischen Raum die Wertpapieranlage vorwiegend der Rentenvorsorge dient, wären zahlreiche US-Amerikaner über Nacht plötzlich ihrer Altersversorgung beraubt gewesen. Dass dies nicht geschah, lag vor allem an der Regierung und der Zentralbank, die in die Bresche sprangen und Mittel zur Verfügung stellten. Die öffentliche Hand kam damit für Verluste auf, die im Privatsektor entstanden waren.

… Und sein drittes Amt: 1987 war er Präsident der Hongkonger Börse. Als solcher ordnete er kurzerhand die Schließung der Börse am 20. Oktober 1987 an, um weiterem Schaden zu verhindern. In den nun folgenden Rettungsaktionen spielte nicht nur die (britische) Verwaltung Hongkongs eine wichtige Rolle. Auch die Volksrepublik China eilte zu Hilfe, um mit einer Finanzspritze den Börsensturz zu mildern.

Nach: Ernest Mandel/ Winfried Wolf: Cash, Crash and Crisis, Hamburg 1988

Durch wirtschaftspolitische Interventionen konnte eine Depression nach dem Muster von 1929 vermieden werden. Die Intervention der öffentlichen Hand bedeutete aber letztlich eine Vergesellschaftung der Verluste.

Die Asienkrise 1997

**Die Asienkrise 1997/98 ging zunächst von den Devisen-
märkten aus. Sie schlug sich auf den Börsen nieder
und führte in den betroffenen asiatischen Ländern zu
schweren sozialen Einschnitten.**

»Rogue Speculators«

**Mahathir Mohamad
vs. George Soros**

Während der Asienkrise
beschuldigte der ma-
laysische Premierminis-
ter Mahathir Mohamad
den Investor George
Soros, hinter den Spe-
kulationen gegen die
asiatischen Währungen
zu stehen. Als Soros
Ende April 2000 seinen
Rückzug aus dem
Hedge-Geschäft an-
kündigte, revanchierte
er sich auch gleich bei
Mohamad:
»Dr. Mahathir will be
very depressed as he
will not be able to
blame mistakes on me:
He will have to own up
to them himself.«

Financial Times,
29./30.4.2000

Am 14. und 15. Mai 1997 wurde der Baht, die Währung
Thailands, einer heftigen Spekulation ausgesetzt. Trotz
massiver Intervention der thailändischen Zentralbank
gelang es nicht, den Wechselkurs zu verteidigen. Am
2. Juli gab die Bank bekannt, dass der Baht in Zukunft
frei schwanken werde. Sukzessive geriet eine asiatische
Währung nach der anderen unter Druck: der philippi-
nische Peso, der malaysische Ringit, die indonesische
Rupiah. Der Premierminister von Malaysia, *Mahathir
Mohamad*, beschuldigte Spekulanten – »Rogue Specula-
tors« –, insbesondere den Fondsmanager *George Soros*,
mit antisemitischen Untertönen, an den Währungsatta-
cken schuld zu sein. In der Zwischenzeit musste Thailand den Internationalen Währungsfonds (IWF) um Hilfe bitten: Es suchte um einen Kredit an.

In den ersten Wochen spielten sich diese Spekulatio-
nen vor allem auf den Devisenmärkten ab. Im Oktober
1997 griffen jedoch die Turbulenzen auf die Aktienbörsen über. Durch die Abwertung verteuerten sich die Aus-
landsschulden der börsennotierten Unternehmen derart,
dass viele vom Bankrott bedroht waren. Das brachte
zwangsläufig die Aktien unter Druck. Zudem zogen sich
ausländische Anleger in Panik aus allen Bereichen, auch
der Börse, zurück. Zwischen dem 20. und 23. Oktober
1997 verlor die Börse Hongkongs etwa ein Viertel ihres
Wertes. Danach griff die Krise auch auf außerasiatische
Plätze über: Am 27. Oktober 1997 fiel die Wall Street um
über 7 Prozent. Die europäischen und US-amerikanischen Börsenplätze erholten sich jedoch sehr rasch von

diesem Einbruch. Insgesamt hatte der Crash nur sehr geringe Auswirkungen auf die Wirtschaftsentwicklung in diesen Ländern. Manche westliche Großunternehmen wie etwa IBM »retteten« zum Beispiel ihre Aktienkurse, indem sie während der Krise ihre eigenen Aktien aufkauften. Damit stoppten sie die Verkaufslawine ihrer Wertpapiere und verhinderten weitere Kursverluste.

Der IWF bindet Hilfe an Forderungen

Im Zuge der Krise mussten zahlreiche asiatische Währungen abwerten. Der Internationale Währungsfonds (IWF) trat in dieser Krisensituation auf den Plan und stellte Hilfspakete für die am stärksten betroffenen Länder in Aussicht. Die Hilfe war gekoppelt an wirtschaftspolitische Forderungskataloge. Zahlreiche Länder nahmen die Angebote an und führten teilweise massive Restrukturierungsprogramme durch, die manchmal zu heftigen sozialen Unruhen führten. Schon seit längerem hatten internationale Organisationen die asiatischen Länder auf eine Öffnung und Liberalisierung ihrer Finanzmärkte gedrängt. Diese Forderungen ließen sich nun mit mehr Druck vorbringen.

Ab dem Frühjahr 1998 waren zumindest die Währungen wieder stabil. Unter Ökonomen hatte mittlerweile eine weltweite Debatte um die Ursachen der Währungskrisen begonnen. Denn die 90er Jahre sind regelrecht ein Jahrzehnt der Währungskrisen geworden: 1992 gab es die Krise des Europäischen Währungssystems, 1994 die Mexiko-Krise und 1997/98 die Asienkrise. Die Asienkrise galt den meisten Fachleuten, eingeschlossen dem Vorsitzenden der Federal Reserve, Alan Greenspan, zunächst als Rätsel, wurden doch viele asiatische

Eine Börsen-Weihnachtsgeschichte von Ende 1997, als die Börse in Tokio einbrach: »Und als der kleine Nikkei (japanischer Börsenindex) sich in der Mitte des Börsentages zurückzog, verdufteten all die bösen Aktienhändler und hinterließen nicht gedeckte Passiva. Panik setzte ein!«

Le Monde, 26.11.1997

Finanzkrise und Entwicklung

»Die totale Bewegungsfreiheit des Kapitals, die Existenz der Steuerparadiese und das Anschwellen der spekulativen Finanzströme zwingen die Staaten zu einem verzweifelten Wettkampf um die Gunst der wichtigsten Investoren. Über 1800 Milliarden Dollar wechseln jeden Tag auf den Devisenmärkten ihren Besitzer. Die Entwicklungsländer leiden besonders stark unter diesen Verhältnissen. Von der Finanzkrise hart getroffen, stehen sie unter dem Diktat der durch den Internationalen Währungsfonds (IWF) verordneten strukturellen Anpassung. Der Schuldendienst zwingt ihre Regierungen dazu, die Sozialausgaben auf ein Minimum zu reduzieren. Er verurteilt diese Gesellschaften zur Unterentwicklung.«

Aus dem Manifest von ATTAC-Schweiz, www.attac.org.

Länder als Musterfälle wirtschaftlicher Entwicklung (»Tigerstaaten«) angesehen. Gerade jene Ökonomen aber, welche die Stärke der asiatischen Wirtschaft über Jahre hinweg gelobt hatten, sahen nun auf einmal schwere wirtschaftspolitische Fehler der dortigen Machthaber als Ursache der Krise. Andere Ökonomen hoben in dieser Auseinandersetzung gerade die stabilen makroökonomischen Daten der Region hervor: Die meisten dieser Staaten verzeichneten Wachstumsraten zwischen 7 und 9 Prozent. Auch hinsichtlich anderer Indikatoren wie beispielsweise Inflation, öffentlicher Verschuldung sowie Investitionsrate gab es bei den meisten der betroffenen asiatischen Länder keine Anzeichen beunruhigender Entwicklung. Daher seien weniger die Wirtschaftspolitiker ins Visier zu nehmen als vielmehr das spekulative und irrationale Verhalten der Akteure auf den Finanzmärkten. In der Einschätzung der Ursachen ging es also im Kern um die Frage, ob man angesichts der Asienkrise eher von Markt oder von Staatsversagen sprechen kann. Erstmals wurden sogar innerhalb des IWF Stimmen laut, welche die Effizienz von Finanzmärkten in Frage stellten.

Regulierung von Finanzmärkten

Weltweit setzte eine intensive Debatte über die Frage der Regulierung von Finanzmärkten ein, die sich nicht mehr nur auf Nichtregierungsorganisationen (NGOs) beschränkte, die schon seit Jahren diesbezügliche Forderungen stellten (wie etwa die Gruppe ATTAC). Auch in Organisationen wie Weltbank und IWF, der OECD und anderen war plötzlich die Frage der Regulierung brisant. Vorläufig gründeten diese Institutionen jedoch nur Arbeitskreise, die sich mit diesem Thema beschäftigen sollten. Zu konkreten Maßnahmen kam es bislang noch nicht. Das ist nicht zuletzt darauf zurückzuführen, dass maßgebliche Akteure die Debatte auf einer technokratischen Ebene halten wollen, um eine öffentliche Diskussion und eine Politisierung der Frage, wie Finanzmärkte gestaltet werden können, zu vermeiden.

Betrachtet man die Finanzkrisen über einen längeren Zeitraum hinweg, so zeigt sich, dass Krisen in der Vergangenheit immer wieder zu (Re-)Regulierungen von Finanzmärkten geführt haben. Dies war der Fall Ende des 19. Jahrhunderts nach der vorübergehenden *Suspendierung des Goldstandards* in den USA wie auch nach der Weltwirtschaftskrise Anfang der 30er Jahre, die jeweils weitreichende Maßnahmen zur Beaufsichtigung von Banken und Börsen mit sich brachten. Ebenso war in der Nachkriegszeit das Finanzkapital einem recht strikten Regulierungskorsett unterworfen, das erst im Zuge der Liberalisierung und Deregulierung in den 80er und 90er Jahren gelockert wurde. Heute ist man einmal mehr auf der Suche nach einer neuen »Finanzmarkt-Architektur« für die Zukunft.

Zusammenbruch des Goldstandards

Lange Zeit garantierte die US-amerikanische Zentralbank, jeden zirkulierenden Dollar gegen Gold einzutauschen (Goldstandard). Anfang der 70er Jahre konnte die USA jedoch diese Eintauschgarantie nicht mehr einhalten. Für den Vietnamkrieg wurden so viele Dollars gepresst, dass sie durch Gold nicht mehr gedeckt waren. Damit brach der Goldstandard zusammen, mit ihm auch das 1944 entstandene Währungssystem von Bretton Woods.

Die Asienkrise 1997/98 hat – wie im Gefolge jeder Finanzmarktkrise – Stimmen laut werden lassen, die für eine neue Regulierung der Finanzmärkte eintreten. Eine zukünftige »Finanzmarkt-Architektur« ist Gegenstand heftiger Auseinandersetzungen.

Globalisierung der Börsen?

In der medialen Darstellung scheint Geld ohne Rücksicht auf Raum und Zeit um den Globus verschoben zu werden. In der Realität konzentriert es sich aber an wenigen Orten.

Globale Finanzmärkte – virtuelle Ströme mit Bodenhaftung

Beschreibungen der Geschehnisse auf den Finanzmärkten geizen meist nicht mit Geschichten aus einer utopischen Welt. Mit einer atemberaubenden Geschwindigkeit, Rationalität und ohne Rücksicht auf Grenzen rasen demnach Millionen von Dollar, Euro, Mark oder Yen um die Welt. Auf Knopfdruck werden Aktien, Währungen und Staatspapiere durch die elektronischen Netze gejagt. Die Medien vermitteln das Bild einer virtuellen Welt ohne Raumbezug und Grenzen. Gleichzeitig wird jedoch die scheinbar auf der ganzen Welt verstreute Finanzcommunity gerne auch von Experten auf wenige Straßenzüge reduziert und symbolisch benannt – »Wall Street«, »Londoner City«, »Frankfurt«. Und sie haben Recht: Die Mehrheit der Finanzgeschäfte spielt sich in und zwi-

Licht und Schatten an der Börse

schen ein paar Zentren ab. Auf der Welt ist so viel Platz, und alles ist mit allem per Computer vernetzt – aber nach wie vor drängelt sich die Finanzwelt offenbar auf engstem Raum. Warum bloß? Was macht die Gesellschaft anderer Nadelstreifenträger so attraktiv?

Das Gedränge hat eine Reihe von Vorteilen. Viele Geschäfte erfordern persönliche Kontakte und Gespräche – und eine zwischenmenschliche Qualität, die so gar nicht zur gängigen Vorstellung von den Börsianern als eiskalt und abstrakt kalkulierenden Rechenmaschinen zu passen scheint: Vertrauen. Die feindliche Übernahme eines fremden Konzerns einzufädeln, geht nicht per Telefon aus der Wüste. Hier müssen Großaktionäre, Finanziers, Rechtsanwälte und Buchhalter beim Mittagessen und in Sitzungen bearbeitet werden. Dabei ist es von Vorteil, wenn sich diese Menschen seit Jahren von Konferenztischen, Golfausflügen oder Mittagessen kennen. Wissen, wer die »richtigen« Leute sind und wer die entscheidenden Informationen hat, kann nur jemand, der sich tagtäglich im Kreise dieser Gesellschaft bewegt.

Auch andere Faktoren unterstützen die Zentralisierung der Finanzgeschäfte auf einige wenige Standorte. Finanzfachleute leben und arbeiten gerne in Weltmetropolen. Und wo lauter Börsenspezialisten arbeiten, ist es für einzelne Finanzinstitute leichter, neue hoch qualifizierte Mitarbeiter zu finden. Gegenseitig werben sie sich die Händler ab, was unter anderem zu den traumhaften Gehältern führt, die Börsenprofis in der Regel erhalten. Aber Zentren haben natürlich ihren Preis: Büromieten, Lohnniveau und Transportkosten sind alle um einen »Finanzzentren«-Zuschlag teurer. Das macht es wiederum für Städte attraktiv, zu einem Börsenstandort zu werden.

Socialising

Das gemeinsame Mittagessen mit anderen Leuten aus der Branche ist fast der wichtigste Arbeitsvorgang für Börsenakteure, eine soziale Institution, die zentral für das Überleben in diesem Business ist – »Do lunch or be lunch« (Mit anderen essen gehen oder gegessen werden) lautet die Devise. Dort erfährt man all die kleinen informellen Details, die (noch) nicht in der Zeitung stehen, aber für den Gang des Geschäfts so entscheidend sind. Und bei diesen Gelegenheiten verbreiten sich auch die Gerüchte, die für die Geschehnisse in der Finanzwelt so bestimmend sind.

Nach wie vor konzentrieren sich die Finanzexperten auf engstem Raum an wenigen Plätzen der Welt. Es scheint paradox, aber gerade die größten Börsendeals kommen nicht unwesentlich durch die sozialen Kontakte der Geldspezialisten zustande.

Standortkonkurrenz der Börsen

Jede Metropole, die etwas auf sich hält, möchte Standort einer Weltbörse sein. Ein internationaler Wettkampf um die ersten Plätze ist entbrannt. Die Gewinner stehen noch lange nicht fest.

Die Karten werden neu gemischt

Marktkapitalisierung

Als wichtigstes Maß zum Vergleich verschiedener Börsenstandorte gilt die Marktkapitalisierung. Sie ist die Summe aller an der betreffenden Börse notierten Aktienwerte.

Seitdem Börsen und Finanzdienstleistungen weltweit auf einem schier unaufhaltsamen Wachstumskurs sind, hat ein erbitterter Konkurrenzkampf um zukünftige zentrale Standorte eingesetzt. Denn das Börsengeschäft ist zwar in Zentren konzentriert, aber nicht aus prinzipieller Bewegungsunfähigkeit: Im Gegenteil, das Kapital ist hoch mobil. Immer wieder sind in der Geschichte Börsenstädte zu internationalen Zentren aufgestiegen und wieder gefallen. Früher hatten die nationalen Börsen ein gesetzliches Monopol auf die landeseigenen Handelsaktivitäten. Heutzutage können einzelne Börsenplätze nicht mehr sicher sein, dass heimische Firmen und Anleger bei ihnen ihre Geschäfte machen. Begünstigt wird der Wettbewerb um den besten Handelsplatz und die Machtverschiebung zwischen Börsenstandorten und Investoren unter anderem durch die Deregulierung und das Voranschreiten der Kommunikationstechnologie. Der Handel mit Wertpapieren ist heute ein internationales Geschäft, das von wenigen großen Investmentbanken abgewickelt wird. Diese drängen die Börsen, ihre Inlandsorientierung aufzugeben und sich stärker miteinander zu vernetzen. Das hat insbesondere in Europa zu einer bislang ungekannten Dynamik von Kooperationsverhandlungen und Fusionen geführt, die nach Meinung vieler Beobachter letztlich zur Herausbildung weniger Zentren führen wird. Doch weil die nationalen Börsen sich nur ungern von ihrem Monopol verabschieden und in internationaler Vernetzung den drohenden eigenen Untergang erkennen, geht das Zusammenwachsen nur langsam vor sich. Denn wo eine europäische oder gar Weltbörse ihren Sitz haben wird, ist noch nicht abzusehen. Auf diese Entwicklung haben die internationalen Banken durch Bildung bzw. Unterstützung von eigenen grenzüberschreitenden, elektronischen Handelsplattformen reagiert, welche die traditionellen Börsen mit ihrem »Parketthandel« unter Druck setzen. Ihr wichtigstes Instrument wird dabei zunehmend das Internet. Statt ihre Orders an Broker weiterzugeben, die daraufhin im Getümmel auf dem Börsenparkett einen Geschäftspartner suchen, können Kunden ihre Wertpapiere vom PC aus zu Hause selbst kaufen und verkaufen. Elektronische Handelsnetze sorgen für die Abstimmung von Kauf- und Verkaufsorders.

Börsenlobbies pushen ihren Standort

Mittlerweile tobt die Schlacht unter Europas Börsen mit allen Mitteln. Börsenlobbies in allen Ländern setzen sich bei ihren Regierungen für weniger staatliche Regulierung, billigere Gebühren, Abschaffung der Aktienbesteuerung und Verbreitung des Aktienbesitzes in der heimischen Bevölkerung ein. Denn diese Rahmenbedingungen haben starken Einfluss auf zwei entscheidende Faktoren in der Standortkonkurrenz: Kosten und Liquidität. Was kostet der Wertpapierhandel, wie hoch sind Händlergebühren und Steuern? Wie viel Geld (je mehr, desto besser) wird an dieser Börse täglich gehandelt? Dazu kommt noch eine Reihe anderer Faktoren wie

Financial Times
Deutschland vom
3.7.2000

Schnelligkeit (Börsen müssen Unmengen für die jeweils modernste technische Infrastruktur ausgeben) oder Marktusancen (sind Kleinanleger Marktmanipulationen von Insidern ausgesetzt, oder geht es seriös zu?).

In den letzten Jahren sind sogar die Börsen selbst an die Börse gegangen. So haben sich zum Beispiel die Wiener und die Frankfurter Börse, die früher beide im Besitz örtlicher Finanzinstitute waren, zu Aktiengesellschaften gewandelt. Noch werden ihre eigenen Aktien nicht gehandelt, aber das ist der nächste logische Schritt.

Die Börsen sind somit selbst zu Unternehmen geworden, die in Konkurrenz um Kunden stehen und sich im Wettbewerb behaupten müssen. Dazu brauchen sie die Beteiligung der Bevölkerung, denn ein Aktionärsvolk bringt die erforderliche Liquidität und politische Unterstützung mit. In Deutschland ist der Einfluss der Börsenlobby zwar gewachsen. Aber nach wie vor gibt es Vorbehalte gegen eine Börsenlandschaft nach angelsächsischem Muster. Stabile Eigentümerschaft und Schutz der Unternehmen vor ausländischen Übernahmen werden in Deutschland nach wie vor als Wert gesehen. In Deutschland gibt es ebenso wie in Österreich ein tief verwurzeltes Misstrauen gegen Finanzmärkte, das in die zweite Hälfte des 19. Jahrhunderts zurückreicht und von den Nazis noch einmal stark aufmunitioniert wurde. Vor allem der Mittelstand hat Angst vor breit gestreuten Aktien – und hat mittlerweile die Mitbestimmung als wirksames Schutzschild gegen feindliche Übernahmen entdeckt.

Das spiegelt sich in den dominanten Besitzmodi wider: Wenige Unternehmen sind börsennotiert, und wo dies der Fall ist, werden Aktien vor allem von anderen Unternehmen und Banken gehalten. Zudem sind die Unternehmen und Banken personell durch Personen, die in den Aufsichtsräten mehrerer Firmen sitzen, miteinander verflochten. Kleinaktionäre werden auf den Jahresversammlungen im Rahmen des Depotstimmrechts in der Regel von ihrer Bank vertreten. Banken und Versicherungsdienstleistungen konkurrieren zwar innerhalb der nationalen Grenzen, stehen aber immer unter starkem staatlichen Schutz vor dem Ausland, den sie nicht missen wollen.

Doch diese Situation hat sich gegenüber früher geändert. Eine jüngste Steuerreform hat den Verkauf der bestehenden wechselseitigen Beteiligungen der Unternehmen untereinander erleichtert. Deutsche börsennotierte Firmen haben die vielfach bemängelte Transparenz gegenüber ihren Aktionären verbessert und eine generösere Dividendenausschüttung eingeleitet. Der traditionellen Binnenorientierung wird jedoch auch im neuen Umfeld zumindest diskursiv Rechnung getragen. Börsenfreundliche politische Reformen werden stets mit nationalen Argumenten gerechtfertigt. Das Gejammer über »zu wenig Börse« in Deutschland hat stets eine stark nationalistische Stoßrichtung: Die Börse soll offensichtlich die zum Verschwinden verdammte D-Mark als Inkarnation von nationaler Wirtschaftskraft, an der jeder Bürger einen Anteil hat, ablösen.

Staaten wie Deutschland haben die Förderung der eigenen Börse zum nationalen Projekt erklärt. Alle heimischen Akteure werden für diesen Standortwettbewerb mobilisiert.

Börsenplätze

Weltweit gibt es unzählige Börsenstandorte, die größten sind London, New York und Tokio. Doch auch Frankfurt und Wien versuchen im Geschäft mitzumischen.

London

Die Londoner City

In London haben Börse und sonstige Finanzgeschäfte eine derartige Bedeutung, dass das Gebiet, in dem diese Geschäfte angesiedelt sind, die »Londoner City«, fast den Status einer Art Staat im Staat genießt. Noch immer hat »die City« ihre eigene Stadtteilverwaltung. Auch die Börsenaufsicht legt in London noch immer vieles an Regulierungsfunktionen in die Hände der Marktakteure selbst, was anderswo von staatlichen Behörden gemacht wird – das Zauberwort heißt »Selbstregulierung« und wirkt auf Marktteilnehmer als unwiderstehliche Attraktion.

In der Nachkriegszeit hatte die New Yorker Börse, die aus einem inneramerikanischen Zentralisierungsprozess als Sieger hervorgegangen war, der Londoner City als Finanzplatz Nr. 1 den Rang abgelaufen. Dann passierten zwei Dinge: Während der Kubakrise im Jahre 1962 begann die UdSSR aus Angst vor einer Konfiszierung ihrer Guthaben in den USA, ihre Dollars nach London zu verschieben. Wenig später verhängten die USA eine Zinssteuer auf Ausländer, worauf erneut viele Gelder nach London flossen. Das brachte der alten City einen Aufschwung und die Gelegenheit, neue lukrative Anlagemöglichkeiten für dieses Geld zu finden. 1986 legte die Londoner City mit dem so genannten »Big Bang« noch nach: Eine Welle von Reformen und neuen Regulierungen machte aus dem alten Insiderclub von Männern mit Nadelstreifenanzug, Schirm und Melone einen auch für neue und ausländische Institute, Anleger und Kunden attraktiven Standort. Die Beseitigung der fixen Kommissionen auf Finanzdienstleistungen und die Einführung eines elektronischen Handelssystems taten ein Übriges. Der Börsenumsatz stieg gewaltig.

New York

Die New Yorker Wall Street ist, gemessen an der Marktkapitalisierung, nach wie vor die größte Börse der Welt. Mit der NASDAQ beherbergen die USA zudem die erste Börse in Form eines elektronischen Netzes, das in den letzten Jahren für eine Revolution der internationalen Börsenlandschaft gesorgt hat. In den USA befindet sich auch der weltgrößte Markt für Staatsanleihen – für Investoren auf der ganzen Welt sind diese US-Treasury-Papiere der rettende Hafen, in den alle flüchten, wenn in irgendeinem Eck der internationalen Finanzmärkte wieder einmal eine Krise ausbricht. Kein anderer Markt ist so vielfältig und voluminös. Auch qualitativ gilt New York als die Nummer 1: Der New York Stock Exchange hat die strengsten Auflagen der Welt für börsennotierte Firmen.

Tokio

Die Börse in Tokio erlebte in den 8oer Jahren einen gigantischen spekulativen Boom im Umfeld einer allgemeinen Finanzblase, der in einem ebenso spektakulären Crash endete. Die Finanzinstitute, die sich mit Immobilien- und Aktienspekulationen verkalkulierten und dabei sehr viel Geld verloren, haben heute noch mit den damals erlittenen Verlusten Probleme, die sie von einer Jahresbilanz in die andere schieben. Seitdem stagnieren auch die Kurse an der dortigen Börse.

Bubble

In einer spekulativen Blase (Bubble) steigen die Kurse, ohne dass dies durch die Ertragskraft der zugrunde liegenden Geschäfte zu rechtfertigen wäre. Die Einschätzungen der Marktteilnehmer sind einfach zu euphorisch. Setzt sich die Erkenntnis durch, dass die Papiere überbewertet sind, dann platzt die Blase, d. h. die Kurse sinken, mitunter in drastischem Tempo.

Die Börse arbeitet auf Hochtouren

Frankfurt

Die deutsche Börse hatte fast über die gesamte Nachkriegszeit eine untergeordnete Bedeutung und wies eine mäßige Kursentwicklung auf. Als London Ende der 80er Jahre begann, die Standortkonkurrenz unter den europäischen Börsen loszutreten, und erfolgreich Geschäfte aus Frankfurt abziehen konnte, reagierte die deutsche Regierung mit einer Gegenoffensive zur Stärkung des »Finanzplatzes Deutschland«. Börsenfreundliche Reformen wurden beschlossen und umgesetzt. Zugleich bemühte sich Deutschland um eine kontinentaleuropäische Allianz gegen London. Die auf eine deutsch-französische Vereinbarung gegen den Widerstand der Briten zurückgehende Europäische Währungsunion war ebenso ein Teil dieser Strategie wie das erfolgreiche Bemühen, Frankfurt zum Sitz der Europäischen Zentralbank zu machen.

Die gesetzlichen Regeln im Inland wurden schrittweise reformiert: Ein elektronisches Handelssystem wurde eingeführt, der bislang dem Staat vorbehaltene Anleihemarkt privaten Firmen geöffnet, die Schaffung eines Geldmarkts erlaubt. Ebenso kam es zu Erleichterungen bei den Listungsauflagen für Börseneinführungen und 1987 zur Eröffnung eines »dritten Marktes« für kleinere Unternehmen. 1994 schließlich wurde eine unabhängige Wertpapieraufsichtsbehörde eingerichtet und ein Gesetz gegen Insiderhandel beschlossen, um das schlechte Image der deutschen Börse zu beseitigen, die unter Außenstehenden aufgrund ihrer Dominanz durch die Banken dem Verdacht ausgesetzt war, dass der Markt manipuliert würde.

Zuletzt war die Privatisierung der Deutschen Telekom,

deren Aktien an das breite Publikum verkauft wurden, ein von wirtschaftspolitischen Strategen minutiös ausgetüftelter großer Schub, um Aktienbesitz und -begeisterung unter die Leute zu bringen. Die zunehmend diskutierte Förderung privater Rentenvorsorge durch Fonds, die in Aktien investieren, ist ein zweiter Hoffnungsträger für die Börse und ihre Unterstützer. Mittlerweile wurde nach dem Vorbild der US-amerikanischen NASDAQ mit dem »Neuen Markt« ein eigenes Börsensegment für junge Unternehmen eingerichtet. Der jüngste Coup ist das im Frühjahr 2000 beschlossene Zusammengehen der Börsen von Frankfurt und London, das die Karten im Fusionspoker der Börsen neu gemischt hat.

Wien

Auch das börsenmäßig bislang recht verschlafene Wien wurde vom Internationalisierungskarussell der Börsenstandorte aufgeweckt. Seit Jahren versucht die Wiener Börse sich gut zu verkaufen und innenpolitisch um freundlichere Regulierungen sowie international um Anleger zu werben. Mit wenig Erfolg: Weder Anleger noch Emittenten finden sich in ausreichender Zahl, und die Wiener Börse gilt international als Insiderverein.

Die wiederholte Verbreitung der Einschätzung, dass die dortigen Kurse unterbewertet seien, hat daran wenig geändert. Jüngst ist die Wiener Börse mit dem Frankfurter Handelsnetz XETRA eine Kooperation eingegangen. Ein wirkliches Aufwachen der Wiener Börse ist allerdings nur aufgrund politischer Initiativen zu erwarten: bei einer stärkeren Forcierung der privaten Rentenvorsorge und der Privatisierung staatlicher Unternehmen über die Börse.

Deutsche Nachkriegsbörse

Nach dem Krieg mussten die deutschen Anleger den fast völligen Verlust aller Wertpapiere hinnehmen. Großkonzerne wurden aufgelöst und ihre Börsenpapiere damit wertlos. Mit der Währungsreform wurden auch alle Staatsschuldverschreibungen und die Mehrzahl der umlaufenden Rentenpapiere wertlos. Und der Kapitalmarkt wurde im Nachkriegsdeutschland anfangs starken Regulierungen unterworfen. Staatliche Zinsobergrenzen und Begünstigung und Förderung von Ersparnissen und deren Verwendung (Wohnbaufinanzierung) sollten verhindern, dass die Zinskosten zu hoch werden oder knappe Mittel in unerwünschte Verwendungszwecke fließen.

Altgediente Börsenmetropolen kommen durch die gegenseitige internationale Konkurrenz und die Verbreitung elektronischer Handelssysteme unter Druck. Das zwingt sie zu Kooperationen und Fusionen. Letztlich könnten in Europa nur wenige Zentren übrig bleiben.

Die Funktionen der Börse

Ist die Börse das »Herzstück des Kapitalismus« oder nur ein großes Casino? Welche Funktion hat die Börse eigentlich? Sechs Aufgaben werden der Börse für das Funktionieren der Wirtschaft zugeschrieben.

1. Geldquelle für Investitionen: Die Finanzierungsfunktion

Bewundernd blickt der europäische Wirtschaftsjournalist nach New York. Auf den Finanzseiten der deutschsprachigen Presse wurde während der 90er Jahre der dortige Aktienmarkt als Goldesel beschrieben, der einem jungen Wachstumsunternehmen nach dem anderen Geld in die Taschen stopft, während hierzulande konservative Bankbeamte alles in der Hand haben und für neue Ideen einfach kein Geld rausrücken.

Es ist zwar richtig, dass die Aktienbörsen der USA und Großbritanniens um einiges größer sind als die Kontinentaleuropas. Dennoch sind sie in allen Staaten weitaus weniger wichtig als gemeinhin angenommen – jedenfalls steht die öffentliche Aufmerksamkeit in keinem Verhältnis zur volkswirtschaftlichen Bedeutung.

Werbeaktion für eine Neuemission

Sowohl in Kontinentaleuropa als auch in den USA und Großbritannien werden Investitionen zu 90 Prozent aus den erwirtschafteten Gewinnen der Unternehmen finanziert. Und wer nicht genug Geld in der eigenen Kasse hat, greift allerorts zuerst auf Kredite zurück. Aktien tragen fast nichts zur Investitionsfinanzierung bei.

Eine Analyse der Geldflüsse zwischen Aktienbörse und dem Unternehmenssektor führt überhaupt zu einem noch überraschenderen Ergebnis: Auf entwickelten Aktienmärkten wie jenem der USA fließt in der Regel mehr Geld von Unternehmen Richtung Börsen als umgekehrt. Die Summe der Gelder, die Unternehmen durch Aktienrückkäufe, Unternehmensfusionen und Dividenden in die Taschen der Aktionäre schütten, übersteigt also regelmäßig die Summe des Kapitals, das im Rahmen neuer Aktienausgabe zur Unternehmensfinanzierung von den Anlegern zur Verfügung gestellt wird. Der Börsenalltag wird vom Handel mit bereits bestehenden Papieren dominiert, Neuemissionen spielen im Vergleich dazu eine untergeordnete Rolle.

2. Wo gibt es die höchste Rendite?
Die Selektionsfunktion

Die genannten Zahlen zeigen, dass die Börse insgesamt keine oder eine nur unbedeutende Quelle von Kapital ist. Das gilt aber nur bei einer Gesamtbetrachtung. Dahinter stehen im Einzelnen sehr gegenläufige Entwicklungen: Einzelne Firmen erhalten sehr wohl neues Kapital, dafür geben andere ihren Aktionären welches zurück. Idealerweise sollte die Börse als Kompass dafür dienen, welche Branchen Zukunfts- und Wachstumspotential haben und daher ein lukratives Anlageobjekt für neues Kapital sind. Im Gegenzug würde Kapital aus überalteten Branchen abgezogen. Der viel beschworene wirtschaftliche Strukturwandel würde dadurch gefördert – Kapital wird in Bereiche transferiert, in denen sich neue Investitionen lohnen. Denn erfolgreiche Investitionen führen zu hohen Gewinnen, wodurch die Aktienkurse steigen. Das war das Leitthema der großen Restrukturierungswelle in der

Der Börsengang

Warum gehen Firmen überhaupt an die Börse, wenn Börsen netto Kapital abzapfen statt zuzuführen? Die Antwort ist, dass ein Börsengang meist aus anderen Motiven erfolgt, als Finanzmittel für Investitionsprojekte aufzubringen: Aufkauf von anderen Unternehmen mittels Aktientausch; Auszahlung von scheidenden Miteigentümern; Aktienausgabe zur Imageverbesserung und als Marketingmaßnahme; Ausgabe neuer Aktien, um den Einfluss bestehender Aktionäre zu verringern etc. Ein Börsengang ist also sehr oft eine Waffe, um Konflikte innerhalb des Unternehmens oder zwischen Unternehmen zu lösen, die Finanzierungsfunktion hat im Gegensatz zur gängigen Behauptung eine untergeordnete Bedeutung.

**Der Time Warner/
AOL-Deal**

1999 wurde der Mediengigant Time Warner durch den hinsichtlich Umsatz und Gewinn viel kleineren Internetprovider America Online (AOL) übernommen. Die Übernahme erfolgte über Aktientausch. Der Börsenboom für Internetfirmen hatte nämlich die AOL-Kurse auf ein gigantisches Niveau getrieben, das das Management zum richtigen Zeitpunkt nutzte, um abzuspringen. Sie haben am Höhepunkt der Kursentwicklung für alle Aktionäre den Umtausch ihrer Spekulationshoffnungen (auf künftige Gewinne im Internetgeschäft) in Aktien von einem Unternehmen ausgehandelt, das schon jetzt Gewinne macht.

US-Firmenlandschaft in den 8oer Jahren, auf die wir in Kapitel 7 genauer zu sprechen kommen.

In Wirklichkeit ist der Kauf einer Aktie keine Investitionsentscheidung. Ein Kapitalzufluss, der sich für eine Firma in einem steigenden Aktienkurs bemerkbar macht, wirkt als Signal zu investieren. Aber das hilft dem Management nicht bei der Auswahl konkreter Investitionsprojekte.

Wenn ein Börsenhoch als Investitionssignal dienen würde, müssten steigende Kurse einen Anstieg der Investitionen verursachen. Ein solcher Zusammenhang ist allerdings nicht zu entdecken.

3. Fundamentale oder fiktive Werte: Die Bewertungsfunktion

Börsen gelten vielen Theoretikern als perfekter Markt: Der aktuelle Preis einer Aktie spiegelt demnach alle verfügbaren Informationen über den Unternehmenswert wider. Sobald ein Aktionär über relevante Neuigkeiten verfügt, wird er sich durch Kauf bzw. Verkauf von Aktien des betroffenen Unternehmens bemerkbar machen, woraufhin sich der Kurs ändert und dieser dem aktuellen Informationsstand angepasst wird – dezentral und flexibel. Entsprechend verbrachten Kommentatoren in den 9oer Jahren viel Zeit mit dem Erdenken von Gründen, was für verborgene Informationen über viel versprechende Wachstumsaussichten sämtlicher US-Firmen dem Aktienboom zugrunde lägen. Skeptiker dagegen verwiesen auf eine Spekulationsblase, die bald platzen werde. Tatsächlich kann sich niemand sicher sein: Wann ist eine Aktie bzw. eine ganze Börse »richtig« bewertet, also ein Spiegel der wirtschaftlichen Entwicklung der börsennotierten Unternehmen, wann handelt es sich dagegen um eine spekulative Übertreibung? Die Wahrheit ist nämlich, dass die Börsen keineswegs objektive Gradmesser zugrunde liegender Entwicklungen sind, sondern dass Finanzmärkte einer Eigendynamik unterliegen, welche die Kurse der auf ihnen gehandelten Papiere mitunter weit weg von den »Fundamentalwerten« (also

den quantifizierbaren Ertragsaussichten einer börsennotierten Firma) führen kann.

Auf Wertpapiermärkten handelt man mit Zukunftsaussichten. Und da die Zukunft, allen noch so komplizierten Prognosemodellen zum Trotz, unsicher ist, bleibt hier unausweichlich ein großer individueller Ermessensspielraum, der verschiedensten Einflüssen (Gerüchten, Stimmungen...) unterworfen ist. Statt dass jeder Investor nachdenkt und individuell auf Informationssuche geht, seine eigene Strategie bastelt und danach kauft und verkauft, schauen Investoren oft darauf, was andere Investoren machen. Denn die so genannten Fundamentaldaten sind vielfältig, konfus, widersprüchlich und immer unsicher, was die Zukunft anbelangt. Daraus ergeben sich die allseits bekannten Spekulationswellen und die darauf folgenden Zusammenbrüche, die seit ihrem Bestehen die Finanzmärkte charakterisieren.

Unabhängig von solchen psychologisch-institutionellen Erwägungen kann aber auch allein die Entwicklung von Angebot und Nachfrage auf den Aktienmärkten zu Booms und Crashs führen, die mit der zugrunde liegenden Wirtschaftsentwicklung nichts zu tun haben. Wenn, wie in den 90er Jahren in den USA, große Mengen Kapital zur Verfügung stehen, die an der Börse angelegt werden sollen, aber im Verhältnis dazu zu wenig Aktien aus-

Der Internet-Boom

Der Internet-Boom in den 90ern gilt als Paradebeispiel für Börsenfinanzierung von Innovation. Doch eigentlich hatte die technische Innovation schon längst stattgefunden, als die Börsenteilnehmer plötzlich scharenweise begannen, die Aktien von Firmen zu kaufen, die in diesem neuen Bereich Geld machen wollten. Noch dazu waren die Geschäftsideen mitunter nicht besonders innovativ: Teilweise brachten alteingesessene Riesenfirmen Unterabteilungen als »Internet-Start-ups« an die Börse, um image- und finanzmäßig vom Internet-Bonus zu profitieren. Der Boom scheint zudem v. a. mit dem Geld von Börsenneulingen erzeugt worden zu sein – die sich wohl vielfach des Risikos ihrer Anlagen nicht voll bewusst waren.

gegeben werden, steigt – wie auf jedem gewöhnlichen Markt – der Preis. Die Aktienkurse können also steigen, ohne dass sich an den Wirtschaftsaussichten der börsennotierten Unternehmen etwas geändert haben muss.

Alle diese Möglichkeiten machen es schwierig, zu einem bestimmten Zeitpunkt zu entscheiden, ob eine Aktie »richtig« bewertet ist oder nicht. Der häufige Einwand, »langfristig« müsse der Aktienkurs den Fundamentalwert widerspiegeln, ist hier nicht wirklich hilfreich. Denn an welchem Punkt auf dem Weg der langen Frist sich die Aktienkurse befinden, ist ungewiss. Es gibt wohl Orientierungsgrößen zur Ermittlung des »richtigen« Aktienwerts eines Unternehmens (das Verhältnis des Aktienkurses zu den Einnahmen der Firma, das Verhältnis des Aktienkurses zum Vermögen der Firma etc.). Allerdings führen diese regelmäßig zu unterschiedlichen Ergebnissen, was die Sache auch nicht erleichtert.

4. Risikokapital oder »Auf Nummer Sicher«? Die Exitfunktion für Startkapitalgeber

In Perioden steigender Kurse ist die Zeit für Aktienausgaben günstig, entsprechend strömen dann Firmen auf den Markt. Typischerweise wird das Geld von Initial Public Offerings (IPO) – also der Börseneinführung eines Unternehmens – aber nicht für Investitionen verwendet, sondern zur Auszahlung der bisherigen Eigentümer. Die Börse bietet also eine wichtige Exit-Option, d. h. Firmengründer und Risikokapitalgeber für Neugründungen können, nachdem sie eine neue Firma erfolgreich »großgezogen« haben, ihren Anteil mit Gewinn verkaufen. Der positive Effekt der Börse ist hier ein indirekter: Durch die Aussicht, im Erfolgsfall ihre Anteile später zu einem guten Preis an der Börse abstoßen zu können, werden Jungunternehmer zu Gründungen und Risikokapitalgeber zur Beteiligung an jungen Firmen ermutigt. Die Bedeutung dieses Aspekts wird dennoch häufig überschätzt. Entgegen der vielfach geäußerten Behauptung, in den USA würden Jungunternehmer von risikofreudigen Investoren mit Geld überschüttet, ist die Bereitstellung von Risikokapital gesamtwirtschaftlich nicht bedeutsam und konzentriert sich zudem auf wenige Branchen und Regionen. Wer eine High-Tech-Firma im Silicon Valley gründet, hat sicher überdurchschnittliche Chancen auf Finanzierung: Dort scheinen die Investoren förmlich mit Waschkörben voll Geld durch die Straßen zu laufen – auf der verzweifelten Suche nach einem Technikstudenten, der es ihnen für seine eben gegründete Firma abnimmt. In fast allen anderen Branchen und Regionen dagegen stellt sich den Gründern die Frage banaler: Entweder sie haben reiche Verwandte und Bekannte, oder der Traum von der eigenen Firma bleibt ein Wunsch.

Bei der Verherrlichung der Börse als Kapitalquelle für Gründer wird übersehen, dass Anleger in der Regel aus verschiedenen Motiven große Firmen bevorzugen. Die Hürde ist zwar durch das Aufkommen von speziellen Märkten für kleinere Unternehmen (NASDAQ seit Anfang der 70er Jahre in den USA, seit einigen Jahren Neuer Markt in Deutschland) nicht mehr so unüberwindlich, aber nach wie vor ist die Börse vor allem ein Tummelplatz für Große. Abseits von speziellen Modewellen, in denen ein bestimmtes Marktsegment eine Zeit lang einem Börsenhype unterworfen ist, werden die Portfolios der Profianleger von »Blue Chips« beherrscht – Aktien großer, berechenbarer, alteingesessener Unternehmen.

Derzeit gibt es Tendenzen, die Börse, die seit dem

Zweiten Weltkrieg eine Domäne etablierter Unternehmen war, einem Funktionswandel zu unterwerfen und insbesondere durch Einbeziehung von unprofessionellen Kleinaktionären zu einem verstärkten Risikofinanzierungsinstrument zu machen. Inwieweit das auf Dauer gelingt, wird sich erst zeigen.

5. Zügel für Manager: Die Kontrollfunktion

Manager und Übernahme

Die Welle von Firmenübernahmen in den USA der 80er Jahre wurde als Renaissance der Börse in ihrer Funktion als Disziplinierungsinstrument für faule Manager gefeiert: Durch die Übernahme von als ineffizient gebrandmarkten Firmen, den Hinauswurf des alten Managements und überflüssiger Belegschaftsangehöriger sowie den Verkauf nichtprofitabler Unternehmensteile sollten die großen Firmendinosaurier wieder zu effizienten, hungrigen Beißern im Wettbewerb werden.

Die Börse ist auch ein »Market for Corporate Control« – ein Markt für die Kontrolle über Unternehmen. Dieser funktioniert theoretisch als einfach zu handhabendes Disziplinierungsinstrument für Manager: Bringt ein Management schlechte Geschäftsergebnisse, sinkt der Aktienkurs, woraufhin andere Investoren oder Unternehmen die Aktien im Rahmen eines Übernahmeangebots kaufen und das alte Management hinauswerfen. Die »Renaissance« der Börse in den USA der 8oer Jahre war von einer Welle solcher Übernahmen begleitet, die als »Mergermania« in die Börsengeschichte einging.

Abseits des Spektakulären dieser Aktionen fällt eine wirtschaftliche Bilanz dieser Welle allerdings ernüchternd aus. Und zwar nicht nur, weil die übernommenen Firmen ausgeräumt und die Erträge an die Aktionäre verteilt wurden, also eine Umverteilung von Arbeitnehmern zu Aktionären stattgefunden hat. Auch aus Sicht der Börse scheint sich der erhoffte Erfolg meist nicht eingestellt zu haben. Die übernehmende Firma ist nach anfänglichen Kurssteigerungen sehr oft mit sinkenden Kursen ein, zwei Jahre nach der Übernahme konfrontiert, was zeigt, dass die erhofften Synergieeffekte nicht eintreten bzw. ein zu hoher Preis für die Übernahme bezahlt wurde. Auch kam es unter den von der Mergermania in den 8oern erfassten Firmen zu einer wahren Insolvenzlawine, da sie die zur Finanzierung der Übernahme aufgenommenen Kredite nicht zurückzahlen konnten. Allzu oft schienen Übernahmen nicht Reaktionen auf unfähiges Management übernommener Unternehmen zu sein, sondern das Resultat der Expansionsgelüste von Managern der übernehmenden Firma.

6. Streuung von Risiko und Eigentum: Die Diversifikationsfunktion

Das Wirtschaftsleben ist schnelllebig und unsicher: Eine Firma, die heute prosperiert, kann schon morgen in den Abgrund stürzen. Verheerend für Aktionäre, die ihr Geld dort geparkt haben. Was müssen Anleger also tun, um diesem Schicksal zu entkommen? Nicht alles auf eine Karte setzen, sagt die Spielregel. Börsen bieten dazu die ideale Möglichkeit: Statt alles Geld in die Papiere eines einzigen Unternehmens zu stecken, können Anleger ihr Geld auf mehrere Projekte verteilen. Wenn eines nichts bringt, sind vielleicht zumindest die anderen der Renner. Und Verliereraktien kann man verkaufen. Die Börse dient also zur Streuung von Eigentum und Risiko. Das Risiko eines Unternehmens wird unter mehreren Anlegern geteilt. Diese schätzen die »Liquidität« eines Papiers. »Liquidität« herrscht dann, wenn viele andere Leute auch im Besitz der gleichen Aktien sind und damit regen Handel treiben. Das lässt hoffen, dass man für die eigenen Aktien jederzeit einen Käufer oder Verkäufer findet, ohne dass durch den eigenen (Ver-)Kaufswunsch der Kurs beeinflusst wird. Aus diesem Grund versuchen Börsen und die dort tätigen Akteure, viele Leute zum Engagement an der Börse zu überreden. Das weit verbreitete Jammern über das mangelnde Interesse der Menschen in Deutschland, Österreich oder Frankreich an Aktien und die geäußerte Sorge um den heimischen »Börsenstandort« hat dort seine Quelle. Denn je mehr Geld an die Börse strömt, desto mehr »Liquidität« herrscht dort, und nicht zuletzt verdienen daran die professionellen Händler.

Börse als Disziplinierungsorgan?

Würde der Aktienmarkt als kontinuierliches Disziplinierungsorgan funktionieren – wie es die Finanzmarkt-Theorie behauptet –, dann würden Firmenübernahmen wohl kaum in Wellen erfolgen: In den 20er, 60er, 80er und 90er Jahren kam es zu einer Masse von Übernahmen, während in den Phasen dazwischen Ebbe herrschte. Kaum zu glauben, dass in gewissen Phasen plötzlich alle Firmen gleichzeitig ineffizient werden und der Disziplinierung bedürfen.

Obwohl Börsen eine überproportionale mediale Aufmerksamkeit gewidmet wird, ist ihre tatsächliche Funktion für die Finanzierung der Unternehmen gering. Die Börse ist vor allem für die beteiligten Akteure von Bedeutung, für den Rest der Wirtschaft hat sie allenfalls eine orientierende Funktion.

Börsenalltag

Die Bilder, die uns die Medien vom Börsenalltag vermitteln, konzentrieren sich vor allem auf den Aktienmarkt. Doch der ist nur ein kleiner Ausschnitt der Geschehnisse auf internationalen Finanzmärkten, die sich zudem in den letzten Jahren stark verändert haben.

Going Public

»Als Nächstes kommt McDermott, er hat eine Ausgabe des *New York-Magazine* von dieser Woche und die *Financial Times* von heute morgen dabei, er trägt eine neue Oliver-Peoples-Brille aus Fensterglas mit Redwood-Rahmen, einen schwarz-weißen Hahnentritt-Sakko mit fallendem Revers, ein gestreiftes Baumwoll-Frackhemd mit Haifischkragen und eine Paisley-Seiden-krawatte, alles maßgeschneiderte Entwürfe von John Reyle.«

Brett Easton Ellis: American Psycho, Köln 1993

In der Fachsprache wird der Gang an die Börse »Going Public« genannt. Dieser Weg ist insbesondere in den kontinentaleuropäischen Ländern in den letzten Jahren häufig durch neue gesetzliche Regelungen erleichtert worden. Vor allem kleineren, technologieorientierten Unternehmen sollte die Finanzierung über Aktien ermöglicht werden, und in zahlreichen Ländern wurden sogar eigene Börsen für dieses Segment eingeführt, wie etwa die NASDAQ (National Association of Securities Dealers Automated Quotations) in den USA und der »Neue Markt« in Deutschland. Gleichzeitig soll mit dieser Strategie auch der Aktienbesitz in der Bevölkerung gesteigert werden. Dadurch änderten sich Verlauf und Charakter der Börsengänge erheblich. Wurden diese früher gerne abseits der Öffentlichkeit, eher in Insiderkreisen durchgeführt, so soll sich heute möglichst auch noch dem im letzten Winkel wohnenden Bürger die Bedeutung des Vorhabens vermitteln. Dafür bedient man sich auch in europäischen Ländern zunehmend US-amerikanischer Methoden. Flächendeckende Werbekampagnen über alle Medien hinweg, Präsentationen von Ort zu Ort, Spektakel im Freien (so genannte Roadshows) und Ähnliches müssen mittlerweile her, um die Aktien bekannt zu machen. Die Einführung der Telekom-»Volks«-Aktie dokumentiert eindrucksvoll diese neue Marketingstrategie: Straßenzüge in Frankfurt, Tokio und New York wurden in Pink, die Farbe der Telekom, getaucht, und Tage vor dem Börsengang warf ein Laser das Telekom-T an den Hochhausturm der Dresdner Bank. Der Run auf die Aktie belohnte all diese Mühen. Für den Börsengang von T-Online, der Internet-Tocher der Telekom, wurde einige Zeit später sogar eine eigene Comicfigur kreiert, und so konnte die Aktie erfolgreich auch zu einem Zeitpunkt auf den Markt gebracht werden (April 2000), als gerade durch die Kurseinbrüche an der NASDAQ höchste Crash-Gefahr an den weltweiten Börsen in der Luft lag.

Börsenteilnehmer

Generell kann bei den Akteuren auf den Finanzmärkten die Gruppe der Kleinanleger von den institutionellen Investoren unterschieden werden. Kleinanleger sind Individuen, Privatpersonen, die mit sehr kleinen Summen auf der Börse operieren und in eigenem Namen anlegen. Dazu zählen auch die in letzter Zeit verstärkt auftretenden »Day Trader«, die über ihre privaten Computer, oftmals von zu Hause, in den Börsenhandel einsteigen. Die Macht der Kleinanleger ist aufgrund ihrer niedrigen Anlagesummen gering. Die institutionellen Investoren bzw. die Großanleger haben wesentlich mehr Vermögen zur Verfügung, denn sie verwalten die Gelder anderer. Daher legen sie nicht nur zu ihren eigenen Gunsten an, sondern auch auf fremden Namen. Zu den institutionellen Investoren zählen Investmentfonds, Rentenfonds, Banken

Online-Broker

Der Handel mit Wertpapieren über das Internet verzeichnet enorme Zuwächse. Eigene Unternehmen, so genannte Online-Broker, haben sich auf dieses Geschäft spezialisiert. Die wichtigsten Online-Broker Deutschlands sind Consors mit 30 Prozent Marktanteil (Anfang 2000), gefolgt von seinen Konkurrenten, der Commerzbank-Tochter Comdirect (28 Prozent), der Direkt Anlage Bank (20 Prozent) und der Bank 24 Brokerage (13 Prozent).

Bulle und Bär

Warteschlange fürs
Börsen-Sightseeing

Bulle oder Bär

Die wohl am häufigsten im Börsenzusammenhang genannten Begriffe sind jene des Bullen und des Bären. Ein bullish market bzw. eine Hausse am Markt gibt es, wenn die Kurse steigen. Im Gegenzug fallen bei einem bearish market bzw. einer Baisse die Kurse. Gewinne können in beiden Fällen gemacht werden, je nachdem auf welche Seite man gesetzt hat.

und Versicherungen. Ihr zu verwaltendes Vermögen ist in den letzten Jahren rasant angewachsen. In Deutschland etwa stieg das Vermögen deutscher Investmentfonds von 56 Milliarden DM im Jahre 1982 auf 1 286 Milliarden DM im Jahre 1998.

Präsenzbörse versus Computerbörse

Die täglichen Bilder der Börsenberichterstattung auf Fernsehsendern wie NTV oder CNN vermitteln bestimmte Vorstellungen, was auf der Börse passiert: Zu sehen sind Börsianer, die sich schreiend und wild gestikulierend in einem scheinbar zu kleinen Saal um Computerterminals drängen. Sie sind fast durchgängig jung, gut angezogen und männlichen Geschlechts. Diese Bilder präsentieren allerdings nur einen bestimmten Teil des Börsenalltags, nämlich jenen der Aktienhändler im Parketthandel. Doch auf Börsen wird mit mehr als nur den Aktien gehandelt, und die Computerisierung lässt das klassische Börsenterrain zusehends verwaisen.

Traditionellerweise wurde auf Präsenzbörsen gehandelt. Der Boden im riesigen Börsensaal, auf dem die Händler womöglich mit beiden Beinen fest stehen sollen, gab dem Handel auf diesen Börsen den Namen: Parketthandel. Die Präsenzbörse ist eine zentralisierte Form des Handels, die Händler kommen an einem Ort zusammen. Diese Form der Zusammenkunft von Geschäftsleuten hat lange Tradition. Der direkte Kontakt soll die Kommunikation und die Übersicht über die diversen Kauf- und Verkaufsvorgänge erleichtern. Abschlüsse am Parkett kommen über Zuruf zustande. Das für sonstige Geschäftstätigkeiten so wichtige Unterzeichnen von Verträgen entfällt hier gänzlich. Hier wird nichts schriftlich besiegelt. Was zählt, ist das Wort. Finden sich Käufer und Verkäufer, so kritzelt jeder in sein Auftragsbuch eine Notiz, und der Handel ist besiegelt. Eine deutsche Eigenart, die im Ausland immer wieder das Klischee vom ordentlichen Deutschen nährt, ist der Erfüllungszeitpunkt des Geschäfts. Während sich internationale Börsen gerne ein wenig Zeit lassen, muss die Übergabe und Bezahlung der Papiere in Deutschland am zweiten Börsentag nach Geschäftsabschluss vollzogen werden.

Werden also auf dem Parkett Geschäfte per Zuruf abgeschlossen, so geschieht dies an den Computerbörsen per Tastendruck. Die Händler müssen sich dabei nicht die Füße wund stehen, sondern sitzen dezentral in den Büros der Banken und Investmenthäuser vor dem Bildschirm und beobachten das Kursgeschehen. Kauf- und Verkaufsorder werden in den Computer eingegeben, der diese an ein allen Börsenteilnehmern zugängliches elektronisches Handelssystem (wie zum Beispiel Xetra) weiterleitet. Der computerisierte Handel hat den Parketthandel eigentlich überflüssig gemacht. In der Tat verlassen auch immer mehr Händler die Präsenzbörse und ziehen sich in Büros zurück. In Wien etwa gibt es den Parketthandel überhaupt nicht mehr, im ehemaligen Gebäude der Börse befinden sich heute Restaurants, Büros und Reiseveranstalter statt der wild gestikulierenden Herren in dunklen Anzügen. Doch für Frankfurt behauptet der

Die Geschichte von Bulle und Bär

Im 16. Jahrhundert besuchte ein spanischer Literat die damals so dominante Börse von Amsterdam. Als er dem Treiben der Börsenhändler zusah, wurde er an eine besondere Form des Stierkampfes in Südamerika erinnert. Dort ließ man nämlich in manchen Arenen Bullen gegen Bären antreten und kämpfen. Dabei stößt der Bulle mit seinen Hörnern immer von unten nach oben, er vollführt also eine Aufwärtsbewegung, wie eben der Kursverlauf in Hausse-Zeiten. Der Bär hingegen schlägt mit seiner Tatze von oben nach unten, ähnlich fällt die Kurve in der Baisse.

Vorstandsvorsitzende der Deutschen Börse AG: »Das Parkett bleibt so lange bestehen, wie zwei hingehen und dort handeln.«

Die Computerbörsen erlauben eine Ausweitung der Handelszeiten. Während der Parketthandel zum Beispiel in Deutschland früher nur von 10.30 Uhr bis 13.30 Uhr stattfand, war das elektronische Börsensystem von Beginn an wesentlich länger geöffnet. Die Präsenzbörse reagierte jedoch darauf, indem sie die Öffnungszeiten stufenweise verlängerte.

Zudem gilt: So turbulent und hektisch die Stunden am Parkett für die Händler auch sein mögen, für sie ist der Börsenschluss nicht das Ende des Tages. Vor und nach Börsenbeginn sowie zur Lunchzeit gilt es, untereinander Informationen austauschen, informelle Kontakte zu pflegen und mit den Kunden zu kommunizieren, um die aktuelle Lage einzuschätzen und den nächsten Börsentag vorzubereiten.

Aktien oder Anleihen

Eine Aktie ist ein Besitztitel, mit ihrem Kauf erwirbt man einen Anteil an einem Unternehmen. Deshalb darf der Aktienbesitzer auch am Gewinn des Unternehmens partizipieren, indem er eine Dividende erhält. Er hat zumindest ein minimales Mitspracherecht, weil er auf die

Hauptversammlung der Aktiengesellschaft eingeladen werden muss. Auf Hauptversammlungen wird über Fragen wie Gewinn- und Verlustverteilung, etwaige Kapitalerhöhungen oder auch Fusionen abgestimmt. Meistens halten aber so genannte Kernaktionäre eine Mehrheit, weshalb die Einflussmöglichkeiten kleiner, privater Anleger sehr gering sind.

Eine Anleihe hingegen ist ein Schuldtitel, der Anleihebesitzer leiht vorzugsweise dem Staat, aber auch Unternehmen Geld. Für die Überlassung von Geld erhält er einen festen Zinssatz. Mitspracherecht wie ein Aktionär hat er prinzipiell keines.

Weil der Zins fix ist, die Aktiendividende aber vom Gewinn abhängt, gelten Aktien als die riskantere Anlageform. Die meisten Anleger besitzen zum Zwecke der Risikostreuung sowohl Aktien wie auch Anleihen.

Der Handel mit Anleihen, in Deutschland der so genannte Rentenhandel, ist dem Aktienhandel hinsichtlich Umsatz und Volumen bei weitem überlegen. In den letzten Dekaden betrugen die Aktiengeschäfte nur etwa ein Drittel des Handels mit Anleihen. Die wichtigsten Anleihen sind an fast allen Börsen die Staatsanleihen. Sie sind deshalb von Bedeutung, weil sie aufgrund ihres geringen Risikos – der Staat gilt als zuverlässigster Schuldner – die so genannten Benchmarks für alle andere Anleihen vorgeben, also jene Mindestverzinsung, an der sich die Händler orientieren. Die Laufzeit der Anleihen variiert von wenigen Monaten bis zu 30 Jahren. In den letzten Jahren nimmt ausgehend von den USA der Trend zu, verstärkt Anleihen mit kurzer Laufzeit auszugeben. Die langfristigen Anleihen (Mindestlaufzeit: 10 Jahre) nennt man in den USA »Treasury Bonds«.

Neben dem Staat können auch Banken und Unternehmen Anleihen ausgeben, im Fall von Banken nennt man solche Papiere Bankschuldverschreibungen, bei Unternehmen Industrieanleihen oder auch – bei Aktiengesellschaften – Wandelanleihen (englisch: »Convertible Bonds«). An der Börse von Frankfurt sind Aktien- und Anleihehandel in einem Haus untergebracht. Während

Bei der Kurssicherung versucht ein Unternehmen, sich gegen eine möglicherweise negative zukünftige Kursentwicklung abzusichern. Denn zwischen Kaufauftrag und Erfüllung kann eine lange Zeit liegen, in der Währungen auf- und abgewertet werden können, Zinsen fallen und steigen können usw. Eine Spekulation liegt dann vor, wenn dem Geschäft ein Profitmotiv zugrunde liegt und nicht die Angst vor Kursverlusten. In der Praxis ist die Unterscheidung de facto nicht beobachtbar.

am Parkett für Aktien die Stimmung hektisch und der Lärmpegel laut ist, geht es einen Stock höher beim Rentenhandel gemächlicher zu. Nicht wenige attestieren dem dortigen Handel mit Anleihen Clubatmosphäre. In diesem Börsensegment tritt die Bundesbank direkt auf, in Gestalt ihrer eigenen Händler und in Form der so genannten Offenmarkt-Politik. Zwischen den Bundesbankhändlern und den anderen gibt es immer wieder einen dezenten Konkurrenzkampf. Denn im Gegensatz zu den »normalen« Händlern ist das vorrangige Interesse der Bundesbank nicht der Profit. Ihr geht es sehr oft um die Durchsetzung wirtschaftspolitischer Ziele, wie etwa bestimmter Zinsvorstellungen. Diese »Hahnenkämpfe« beschreibt ein Börseninsider folgendermaßen: »Im Grunde betrachten die Rentenhändler die Bundesbank insoweit als eine Art gemeinsamen Gegner, dem es gilt, ab und zu auch einmal eins auszuwischen; und sei es nur aus reinem Sportsgeist. Mit spitzen Seitenhieben versucht man eine kleine Rache dafür zu nehmen, dass an diesem Markt jemand teilnimmt, der, wie man meint, dort eigentlich nichts zu suchen hat. Denn schließlich geht die Bundesbank weder ein Risiko ein, noch muss sie Gewinne erzielen. Am bittersten aber ist es, dass der Rentenhandel mit der Zeit gezwungen war einzusehen: Er sitzt am kürzeren Hebel.«

Derivate und Börsenkultur

Ein viel beachtetes Finanzinstrument sind in den letzten Jahren die so genannten Derivate geworden. Derivate sind von einem Grundgeschäft (Zinsen, Aktien, Edelmetalle) abgeleitete Finanzinstrumente. Die wichtigsten Derivattypen sind Optionen und Futures. Sie dienen entweder der Kurssicherung oder der Spekulation. Der Umsatz mit Derivaten hat sich in den letzten zehn Jahren in etwa verdreifacht. Interessant ist, dass sich mit dem Wiederaufleben des Derivatenhandels (es gibt Derivate ja schon seit Jahrhunderten) die Kultur und der Börsenalltag teilweise radikal gewandelt haben. Als Beispiel sei hier die Londoner Derivatenbörse LIFFE (London International Financial Futures and Options Exchange) angeführt: Die vor allem für kurzfristige Optionen- und Termingeschäfte zuständige LIFFE wird heute beherrscht von den so genannten Essex Boys, denen in der britischen Medienlandschaft der vergangenen Jahre viel Aufmerksamkeit und Faszination zukam. Die besonders maskulin und »bullish« auftretenden Essex Boys kommen häufig aus proletarischen Familien und sorgten zunächst einmal für helle Aufregung auf dem Londoner Parkett, als sie Ende der 8oer Jahre mit grellbunten Anzügen in der City, dem Finanzviertel Londons, auftauchten. Bis dahin galt nämlich der dunkle Anzug als unumgänglicher Dress Code: »If you're not in a dark suit you must be a bike boy delivering sandwiches« – so die jahrzehntelange Abgrenzungsfloskel der Banker und Trader von ihrem »Clerical Staff« und anderen City-Exoten. Aristokratische und elitäre Ignoranz wurde jedoch zunehmend weniger opportun in einer Gesellschaft, in der es – wie in Großbritannien – darum ging, verlorenen Weltruhm durch den Ausbau einer weltweiten Führungsrolle im Finanzgeschäft wiederzugewinnen. Dem »Gentlemanly Narrative« der alten Banken-Aristokratie folgte daher die kulturelle Hegemonie einer neuen Yuppie-Generation, die aggressiv-proletarische Werte nicht nur nicht ausschloss, sondern durchaus propagierte. Wer heute einen Trading Room, den Handelsraum einer Bank, betritt, dem bestätigt sich dieses Bild: »Voku-Hila-Jungs« sitzen in T-Shirts und mit den Maskottchen ihrer Lieblingsfußballmannschaft am Schreibtisch vor den Bildschirmen und betrachten abwechselnd Kurswerte und ihre solariumbraunen Oberarme.

Hund und Schwanz

Ebenso wie Bulle und Bär gibt es auch das Bildnis vom Hund mit seinem Schwanz. Bei dieser Metapher wird zwischen Kassa- und Terminmarkt unterschieden. Kassageschäfte sind jene Vorgänge auf der Börse, bei denen Kauf und Verkauf sofort abgewickelt werden. Bei einem Termingeschäft wird, wie der Name schon andeutet, ein Teil des Handels erst zu einem späteren Zeitpunkt durchgeführt. Der Hund repräsentiert in diesem Fall den Kassamarkt, der Schwanz des Hundes stellt den Terminmarkt dar. Nun geht es um die Frage, welcher der beiden Märkte bedeutender ist, um den jeweils anderen zu beeinflussen. Je nachdem lautet also die Antwort: »Der Hund wackelt mit dem Schwanz.« Oder »Der Schwanz wackelt mit dem Hund.«

Die Computerisierung hat den Börsenalltag nachhaltig verändert. Der Präsenzhandel wird zunehmend durch Computerhandel ersetzt. Gleichzeitig entstanden neue Finanzinstrumente, und neue Gruppen von Anlegern drängten auf den Markt.

Börsenpsychologie

Die Akribie, die gerade auf Börsen Zahlen entgegengebracht wird, könnte vermuten lassen, dass Rationalität das oberste Gebot jedes Händlers ist. Untersuchungen über das Verhalten auf Börsen legen jedoch einen anderen Schluss nahe.

Rationalität oder Herdentrieb?

»Was tun, wenn ein Schweizer Bankier aus dem Fenster springt? Hinterherspringen, es gibt was zu verdienen.«
Voltaire

Die Rationalität eines Investors mag so lauten: Der Großinvestor X kauft die Aktie Y. Es liegen zwar keine neuen Informationen vor, die das rechtfertigen, aber vielleicht hat X geheime Informationen, die ich nicht habe. Viele andere Investoren könnten sich durch die Aktion ebenfalls zum Kauf veranlasst sehen, wodurch der Kurs steigt. Ich kaufe also auch. Das denken sich viele, und schon steigen die Kurse – die Börsenhausse ist da.

Die wichtigsten Anleger, die Fondsmanager, stehen zudem untereinander in Wettbewerb, und ihre Leistung wird täglich am Marktdurchschnitt gemessen. Diese Konkurrenz übt Druck in Richtung marktkonformes Verhalten der Anleger aus, was zu Kursentwicklungen führen kann, die mehr mit der Eigendynamik der Börse als mit der realen Entwicklung der Unternehmen, deren Papiere gehandelt werden, erklärt werden können.

Ist das Geschehen auf den Börsen also »irrational«? Aus der Sicht des einzelnen Händlers keineswegs. Denn es wird nicht mit Waren, sondern mit Zukunftseinschätzungen gehandelt – der Preis einer Aktie bemisst sich u. a. daran, welche Ertragshoffnungen in die Zukunft des Unternehmens gesetzt werden. Aus diesem Grund sind Börsenhändler extrem anfällig für Gerüchte und Trends. Die Verhaltensweisen der Börsenhändler gleichen dann dem Klischee von Kleinkindern: Sie werden unberechenbar, und es bedarf eines ungeheuren Aufwandes, um sie bei Laune zu halten. Nicht wenige Finanzmarkt-Beobachter sprechen mittlerweile von einem regelrechten Herdentrieb der Marktteilnehmer: Sobald auf den Bildschirmen der Investment-Banker und -Broker der Kursverlauf in die eine oder andere Richtung stärker ausschlägt, erfolgt eine Kettenreaktion, bei der alle Investoren in diese Richtung laufen, ohne lange nachzufragen, warum sich dieser oder jener Kurs gerade jetzt verschiebt.

Indizes und Indexfonds

Eine weitere Entwicklung, die diese Tendenz verstärkt, ist die Verbreitung von so genannten Indexfonds, deren Anlagestrategie es ist, dem Marktdurchschnitt anhand eines bestimmten Index, z. B. des Dow Jones, zu folgen. Die Fondsmanager versuchen, die Wertentwicklung eines Index nachzuahmen. Jede Marktbewegung in eine Richtung wird dadurch verstärkt. Indizes spielen generell eine wichtige Rolle bei den Entscheidungen der Wertpapierhändler. Ein Index enthält die gewichteten Aktienkurse von ausgewählten Unternehmen, zumeist großer Standardfirmen. Der DAX beispielsweise berechnet sich aus den Kursen von 30 deutschen Aktiengesellschaften höchster Qualität. Der US-amerikanische Dow Jones wiederum setzt sich aus »Unter«-Indizes zusammen, wie etwa dem »Dow Jones Industrial«, der Industrieunternehmen beinhaltet. Die Indizes werden minütlich aktualisiert.

Kritik an der Zusammensetzung von Indizes gibt es schon sehr lange. Am häufigsten wird bemängelt, dass die Anzahl der Unternehmenswerte im einzelnen Index zu gering und daher nicht repräsentativ sei.

»Aktienkurse werden manipuliert, seit es Börsen gibt. Neu sind die Vielfalt und das Ausmaß der Manipulationsmöglichkeiten, die der anhaltende Siegeszug des Internets den Schwindlern eröffnet. Falsche Finanzinformationen und angeblich sichere Aktien-Tipps, die über das Web verbreitet werden, führen zu wirtschaftlichen Schäden bei oft unerfahrenen Investoren. Und die immer einfallsreicheren Betrügereien erhöhen das Risiko groß angelegter Manipulationen.«

connectis. Europas Magazin für E-Business 4/Juli 2000

Die Börsenteilnehmer verhalten sich keineswegs rational: Obwohl mathematische Charts- und Analysetechniken immer ausgefeilter werden, prägen letztendlich Gerüchte, Trends und Stimmungsschwankungen den Börsenalltag.

Die Macht der Manager und der Aufstand der Investoren

Der Börsenboom hat die Unternehmenslandschaft in den USA entscheidend verändert. Manager wurden »auf Linie gebracht« und große Teile der Wirtschaft einem Umstrukturierungsprozess unterzogen.

Wer führt ein Unternehmen?

Anlagefonds

Das Anlegen in Fonds hat den Vorteil, dass sich Kleinanleger nicht mehr um die konkrete Veranlagung kümmern müssen. Sie können Transaktionskosten einsparen, und durch die breite Veranlagung der Fonds kommen sie in den Genuss höherer Risikostreuung gegenüber dem individuellen Investment in nur wenige Papiere.

Große Unternehmen sind einflussreiche Gebilde, die über viel Macht und Ressourcen verfügen. Kein Wunder, dass über ihre Lenkung ein ständiger Machtkampf zwischen all jenen im Gang ist, denen es gelingt, Einfluss zu nehmen. Die besten Karten in diesem Spiel besitzen Manager und große Aktionäre. In den USA haben Arbeitnehmer, im Gegensatz zur gesetzlich verankerten Mitbestimmung in Deutschland, wenig zu sagen. Die Manager, die mit der alltäglichen Firmenführung beauftragt sind, wehren sich gegen eine Kontrolle von anderen. Die formalen Eigentümer, die Aktionäre, tauschen diesen Kontrollverlust gegen die Möglichkeit, ihre Anteile an der Börse abzustoßen, falls ihnen die Firmenführung missfällt.

In den 60er und 70er Jahren gerieten die Manager unter Druck von Seiten der Arbeitnehmer und der Politik, die in den Unternehmen eine stärkere Übernahme wirtschafts- und sozialpolitischer Verantwortung einforderten. Diese Entwicklung wurde gestoppt, als in den 80er Jahren die Aktionäre zum Gegenangriff bliesen: Die »Rückkehr« der Eigentümer veränderte die Unternehmenslandschaft nachhaltig. Den Managern kam die Investorenrevolution gegen die fordernden Arbeitnehmer zunächst gerade recht. Wie kam es dazu?

Manager geraten unter Beschuss

In der Nachkriegszeit waren Firmenaktien in den USA charakteristischerweise stark gestreut. Alle Anleger hat-

ten also jeweils derart geringe individuelle Anteile, dass niemand einen bestimmenden Einfluss auf die Firmenführung erlangen konnte. Und sich mit anderen zusammenzutun, um gemeinsam etwas gegen die Firmenführung zu unternehmen, ist bei einer Vielzahl anonymer, einander unbekannter Kleinanleger enorm aufwendig. Die Folge war lange Zeit weitgehende Passivität der Anteilseigner und relativ unbestrittene Macht für Manager. Diese Konstellation änderte sich mit der Zunahme der institutionellen Anleger. In den letzten Jahrzehnten sind Kleinanleger vermehrt dazu übergegangen, ihr Geld in Fonds anzulegen, statt direkt Unternehmensanteile zu halten. Diese Entwicklung hatte zur Folge, dass diese Fonds zu gigantischen Kapitalsammelstellen wurden, die mit ihren enormen Summen zu einer Art kollektiven Eigentümervertretung werden konnten.

Eine Verkettung von Umständen sollte diese Fonds bald zu entscheidenden Akteuren bei der Veränderung der US-amerikanischen Unternehmenslandschaft machen. Die Inflation der 6oer Jahre brachte große Profitabilitätsprobleme für viele Finanzinstitute, was diese veranlasste, sich (letztlich erfolgreich) für die Aufhebung von gesetzlichen Veranlagungsbeschränkungen

Café, Bulle und Bär

einzusetzen, denen sie aus Konsumentenschutzgründen unterworfen waren. Statt das Geld ihrer Anleger nur in Staatspapiere und »Blue Chips« stecken zu dürfen, erlaubte ihnen die Deregulierung, verstärkt in riskante Wertpapiere zu investieren.

Und das taten sie dann auch. Eine führende Rolle spielten dabei Investmentbanker wie Michael Milken, der einen liquiden Markt für so genannte Junk Bonds (riskante Unternehmensanleihen mit geringer Bonität) erzeugte, indem er Finanzinstitute zu deren Ankauf überredete. Das war der Auslöser für eine riesige Welle an Firmenübernahmen, die von Finanzspezialisten organisiert wurden. Die bislang passiven Investoren spielten eine wichtige Rolle, indem sie so genannte »Raider« unterstützten. Dabei kaufen sie den Aktionären des Unternehmens deren Aktien zu einem guten Preis ab, um anschließend das Unternehmen zu zerlegen und die Einzelteile profitabel weiterzuverkaufen.

Raider

Leute, die mit durch Junk bonds aufgebrachtem Geld Unternehmen gegen den Willen des Managements erwerben.

In den 8oer Jahren entstand so ein großer »Market for Corporate Control« – ein Mechanismus zur Disziplinierung von Managern gemäß den Interessen der Aktionäre durch die Drohung von feindlichen Übernahmen. Die Finanzspezialisten mobilisierten Unterstützung für ihre Aktivität, indem sie ein angeblich strukturkonservatives Management kritisierten, das Geld in die eigenen Ta-

Kleine Geschäfte
am Nebeneingang?

schen schaufele, statt Gewinne und Dividenden für die Eigentümer zu erwirtschaften.

Der Übernahme-Boom flaute aber nach einiger Zeit wieder ab, nicht zuletzt aufgrund enttäuschender Ergebnisse. Einige Finanzjongleure und Aktionäre wurden zwar reich, aber unter den neu strukturierten Unternehmen kamen viele wegen Überschuldung in wirtschaftliche Schwierigkeiten. Die Investoren mussten nach neuen Wegen suchen, ihre Interessen in den Unternehmen verstärkt durchzusetzen: Unter dem Schlachtruf »Shareholder Value« läuteten sie das Zeitalter des Shareholder-Aktivismus ein. Diese Methode besteht schlicht aus Lobbying von Aktionären, um das Management mit allen Mitteln zur Verfolgung der eigenen Ziele zu bewegen. Wenn sie in direkten Gesprächen mit dem Management keinen Erfolg erzielten, setzten sie die Öffentlichkeit ein, indem sie versuchten, andere Aktionärsgruppen auf ihre Seite zu bringen, oder indem sie schwarze Listen mit »schlechten Performern« veröffentlichten. Manager, die sich dem Druck widersetzten, wurden so Schritt für Schritt ausgehebelt. Zu den spektakulärsten Fällen zählte der Hinauswurf der Vorsitzenden von General Motors, IBM, American Express, Kodak und Westinghouse Anfang der 90er Jahre. Der Druck der Investoren wurde immer stärker, und den Managern wurde klar, dass sie irgendetwas Dramatisches tun mussten, um sie wieder zu beruhigen. Das Ergebnis war das Einschwenken auf eine »Shareholder Value«-Philosophie und die darauf folgende Restrukturierungswelle Anfang der 90er. Diese Entwicklung brachte Manager ans Ruder, die keine Scheu vor radikalen Organisationsreformen, Verkauf von Unternehmensteilen und Entlassungen hatten.

Die Mergerbewegung der 80er Jahre war nicht die erste in den USA – immer wieder war es in diesem Jahrhundert zu solchen Wellen gekommen. Die Welle davor hatte in den 60er Jahren die großen Firmenkonglomerate hervorgebracht, die die US-Wirtschaft der nächsten 20 Jahre dominierten. Die Welle der 80er Jahre hatte nun die Neuzusammensetzung dieser Imperien zum Gegenstand. Statt unterschiedliche Geschäftszweige in einem Unternehmen zu vereinen, galt nun die Losung der Bildung von Firmen innerhalb einer Branche, dem »Rückzug aufs Kerngeschäft« und dem Verkauf anderer, insbesondere nichtprofitabler Geschäftsbereiche.

Mit der Investorenrevolution wurden Manager wieder verstärkt auf das Profitmotiv verpflichtet. Das Ergebnis war eine schärfere Gangart gegenüber Arbeitnehmern und eine Verbesserung der Einkünfte von Aktionären und Managern.

Investorenkapitalismus

Die stärkere Stellung bestimmter Aktionäre verändert die gesamte Geschäftspolitik, insbesondere die Methoden und Prioritäten des Managements.

Shareholder Value

Shareholder Value

Als Rechtfertigung der Aktionäre für ihre erhöhten Forderungen diente Alfred Rappaports »Shareholder Value«-Theorie, derzufolge eine Steigerung des Unternehmenswerts hauptsächlich durch Aktienkurssteigerungen und Dividendenerhöhungen erreicht wird. Als gesamtwirtschaftliche Argumente führen Vertreter der »Shareholder Value«-Idee eine höhere Effizienz der Firmen durch Restrukturierungen sowie die Tatsache an, dass aus den Klauen des Managements großer Unternehmen »befreite« Gelder für erfolgreiche neue Projekte (flexible, innovative Start-ups) frei werden.

Mit zunehmendem Druck von Seiten der Investoren nahm zwar die Managementsicherheit ab, deren Gehälter aber zu – vielfach ist ihre Höhe mittels Aktienoptionen an die Kursentwicklung gebunden. Die Auswirkungen auf die Unternehmensstrategien sind deutlich: verstärkte Einbindung zentraler Anleger in die Geschäftsentscheidungen, regelmäßiger Aktienrückkauf (um die Anleger mit Geld ruhig zu stellen und sich von allzu lästigen Eigentümern freizukaufen) und Rückzug auf das »Kerngeschäft«, d. h. jedes Unternehmen soll in nur einer Branche tätig sein, um es für Anleger überschaubarer zu machen.

Eine zentrale Managementaufgabe ist es heute, die Investoren ständig bei Laune zu halten. Eine Konsequenz dieser Entwicklung: Manager kündigen radikale Umstrukturierungen und neue Unternehmensleitbilder an oder setzen demonstrative Zeichen wie z. B. Entlassungen oder den Verkauf von Unternehmensteilen, die zwar durch betriebswirtschaftliches Kalkül nicht zu rechtfertigen sind, aber die Stimmungslage der Investoren positiv beeinflussen sollen.

Management ist mittlerweile ebenso wie Politik in weiten Bereichen vor allem eine rhetorische Veranstaltung, in der es darum geht, Visionen und Leitbilder zu formulieren und dafür Unterstützung zu mobilisieren. Die neue Konvention besteht im Wesentlichen darin, ständig »Shareholder Value« im Mund zu führen, und in der Bereitschaft, Informationen an die zentralen Anleger weiterzugeben. Wo es ihnen nützt, wie beim Durchsetzen von Strategien, die sich gegen Belegschaftsteile richten, können sich die Konzernvorstände bequem mit der anonymen Macht der Kapitalmärkte herausreden. Das heißt aber nicht, dass Manager immer im Interesse des Investors handeln. Auf die zunehmenden Ratschläge der Investoren reagieren Manager zwar

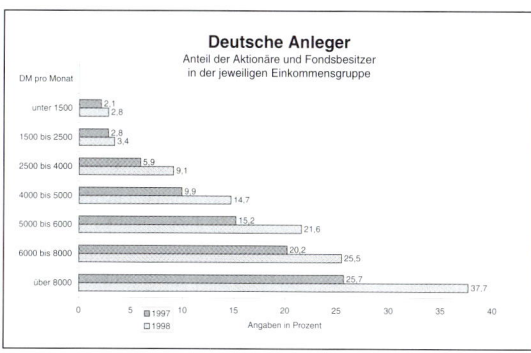

fast nie mit offen vorgebrachter Verweigerung. Beim tatsächlichen Handeln gehen sie häufig dann aber doch wieder eigene Wege.

Arbeitnehmerinteressen adé

Die Investorenrevolution führte dazu, dass eine gewisse Gruppe von Anlegern stärkeren Insiderstatus und damit größeren Einfluss auf die Unternehmensorientierung und die Verteilung der Erträge für sich erlangen konnte. Arbeitnehmerinteressen fallen aus diesem Spiel zunehmend heraus, außer sie werden von einer Seite als Verbündete gebraucht. Damit hat sich die Position von Aktionären insgesamt im gesamtwirtschaftlichen Verteilungskampf gegenüber anderen Gruppen verbessert.

Corporate governance
steht für die Forderung, dass die Ausgestaltung aller firmeninternen Entscheidungsstrukturen gemäß den Interessen der Aktionäre erfolgen soll.

Mit dem Angebot, jedermann könne an diesem Status durch Einstieg in Aktien und Fonds teilhaben, konnten Börsenmakler und institutionelle Anleger breite Bevölkerungsschichten dazu bewegen, ihre Dienste in Anspruch zu nehmen. Die Folge war ein während der ganzen 90er Jahre anhaltender gigantischer Zustrom von privaten Anlagegeldern in die US-amerikanischen Fonds und Börsen.

Die Börse hat von der veränderten Machtverteilung in den Unternehmen profitiert. Die stärkere Stellung von Aktionären insgesamt hat zahlreiche Kleinanleger zum Kauf von Aktien bewegt und damit einen Börsenboom ausgelöst.

Kleinaktionäre

Die Börsenrhetorik spricht mit Vorliebe über Kleinaktionäre und wendet sich gezielt an sie. Manager appellieren an ihre Treue, Politiker propagieren die Verbreitung von Aktien, Presse und Spezialisten bieten Beratung an.

Der Bürger als Aktionär

Mitarbeiterbeteiligung

Manche Beobachter feiern Börsen auch als ein Mittel zur »breiteren Streuung des Produktivvermögens«. Die Bürger sollen vermehrt zum Aktienbesitz ermuntert werden, wodurch sie von reinen Arbeitnehmern zu Miteigentümern würden, die nun am Unternehmenserfolg teilhaben können. Ein Konzept, das Unternehmervertretern sehr gefällt. Denn damit ist natürlich nicht gemeint, dass bestehende Großaktionäre enteignet und ihre Aktienpakete an Habenichtse verschenkt werden. Nein, Letztere sollen dafür natürlich zahlen und sich als frisch gebackene Aktionäre von nun an überlegen, ob sie lieber für mehr Lohn streiken oder nicht doch mit dem Management an einem Strang ziehen.

Über die Form des Kleinaktionärs verbreitet sich die neue Finanzmacht in der Gesellschaft. Die privaten Anleger ohne großes Vermögen sind ständiger rhetorischer Bezugspunkt im Kontext der Börsenöffentlichkeit. Sie werden zum Objekt zahlloser Kommunikationskampagnen. Mit Hilfe der Presse oder durch Briefaktionen versuchen Fondsanbieter und Unternehmen zum Aktienerwerb oder zu einem bestimmten Verhalten zu motivieren, vom Verkauf der Aktien im Rahmen eines Übernahmeangebots bis zur Unterstützung eines Vorschlags bei der Hauptversammlung. Im Vorfeld von Hauptversammlungen sind Kleinaktionäre Ziel von Lobbying, ebenso wie Wähler bei einem politischen Urnengang.

Die soziale Herkunft der Kleinanleger hat sich dabei im Lauf der Zeit gewandelt. Früher waren diese stark auf wohlhabende Kreise beschränkt, da die Eintrittshürde für die Börsenteilnahme aufgrund des Makler- und Gebührensystems für Einzelpersonen recht hoch war (zumal man angesichts der fehlenden Transparenz befürchten musste, übers Ohr gehauen zu werden). Mit der Verbreitung der Fonds hat sich ein Vehikel entwickelt, das auch Menschen mit kleinerem Vermögen die Scheu vor der Börse nahm und zur Senkung der Kosten für den Börseneinstieg führte.

In den USA ist man dazu übergegangen, Fondsanlagen als Instrument zur privaten Altersvorsorge durch Steuerbegünstigungen massiv zu fördern. Der darauf folgende Zustrom von Geldern zur persönlichen Rentenvorsorge erhöhte zwar die Nachfrage nach Aktien enorm. Doch weil große Firmen nach wie vor in erheblichem Ausmaß Aktien zurückkauften und somit das Angebot senkten, stieg wie in jedem Markt der Preis. Hier hat der US-amerikanische Börsenboom der 90er Jahre seine Ursache. Die Dividenden sind zeitweise gering gewesen, aber angesichts der steigenden Kurse tat das dem Boom keinen Abbruch.

Inzwischen hat sich eine neue Einstiegsluke für Einzelbörsianer eröffnet: Neue elektronische Handelssysteme bieten ihre Dienste dem breiten Publikum an und eröffnen auch bisherigen Börsen-Outsidern aktuelle Kursinformationen und Handelsmöglichkeiten. Das hat in den USA Ende der 90er Jahre zum Aufkommen eines neuen Typs von Kleinaktionär geführt: dem Day Trader. Zehntausende Amerikaner, die Aktien an- und blitzschnell wieder verkaufen und daraus Gewinne zu schlagen versuchen. Auch in Deutschland, Skandinavien und Südkorea hat dieser Typus mittlerweile rasante Verbreitung gefunden. In Zeiten des allgemeinen Börsenbooms, wenn die Kurse generell nach oben gehen, kann das mitunter ganz erfolgreich sein. Untersuchungen zeigen aber, dass die Mehrzahl der Day Trader nach Abzug der Kommissionen, die sie an die Handelssysteme abzuführen haben, Verluste macht. Dennoch entwickelte sich dieses Phänomen zu einem weit verbreiteten Fieber, über das Teile des Börsen-Establishments bald die Nase rümpften, da es allzu deutlich und einseitig den Casino-Aspekt der Börse zu Tage treten ließ.

Anzeige einer österreichischen Bank

Die Verbreitung von Aktienbesitz, die von Wirtschaft und Politik gefördert wird, macht breite Bevölkerungsschichten zu Teilnehmern an einem Spiel, das sie in unangenehme Interessenkonflikte bringen kann, ohne ihnen tatsächlich signifikante materielle Vorteile zu bieten.

Börse und öffentliche Meinung

Die Börsen haben sich von Insiderveranstaltungen zu einem Ereignis gewandelt, das breite öffentliche Aufmerksamkeit genießt. Börsenengagement wird zum Volkssport stilisiert, der ins Alltagsleben einfließen soll.

Kommunikationsaktivismus

In jenen Teilen der Wirtschaft, die mit Börse in Beziehung stehen, ist die öffentliche Meinung zentral geworden. Während bis in die 6oer Jahre die Unternehmen weitgehend nach außen abgeschottete Institutionen waren, die ihren Privatcharakter durch eine rigide (Nicht-)Informationspolitik gegenüber der Öffentlichkeit betonten, hat sich das Bild heute zumindest bei den Großunternehmen radikal gewandelt. Unternehmensentscheidungen werden nun stärker öffentlich debattiert und kritisiert. Und um den Aktienkurs hochzuhalten, ist die Bearbeitung verschiedener Teilöffentlichkeiten, die Einfluss auf diesen Kurs haben, zu einer zentralen Managementaufgabe geworden.

Unternehmen stehen unter ständiger Beobachtung einer riesigen Industrie von Finanzanalysten, Wirtschaftsjournalisten, Fonds und Kleinanlegern, die jede ihrer Aktionen registrieren, um darauf zu reagieren. Aktive Anleger wie Fonds, die Shareholder Value einmahnen, beziehen ihre Macht nicht aus Mehrheits- oder starkem Minderheitseigentum, sondern aus der kollektiven Meinungsmacht der Kapitalmärkte, die sie aufgrund ihrer prominenten Stellung im Kreise der Investor Community mobilisieren können. Dieses Feld unterwirft die Unternehmen einer Bewertung gemäß einfacher, standardisierter Informationen in Form von bestimmten Kenngrößen und finanziellen Resultaten. Information und Transparenz spielen in diesem Kontext eine Schlüsselrolle. Zur Erreichung eines bestimmten Ziels ist die Mobilisierung der öffentlichen Meinung ebenso wichtig wie die Mobilisierung von Finanzmitteln. Das Ergebnis ist ein allumfassender Kommunikationsaktivismus: *Manager* bearbeiten Aktionäre, Aktionäre machen Lobbying bei Managern, Fonds werben um Kunden, Wirtschaftsblätter um Leser und Inserate von Finanzinstitutionen, Investmentbanker um Kleinaktionäre usw.

Die Wirtschaftsmedien profitieren

Ein Wirtschaftszweig, der davon enorme Vorteile hat, ist die Finanzinformationsbranche. Ein Heer von Analysten und Spezialmedien bietet den Börsenakteuren seine Dienste an. Und mittlerweile ist Börse von einem Exklusivthema zu einem regelmäßigen Ressort der Massenmedien geworden. Der Mediensektor hat eine entscheidende Rolle dabei gespielt, den Börsen die überproportionale Aufmerksamkeit zu verschaffen, die sie heute genießen. Eine Reihe von Gründen macht Börsen für Medien attraktiv:

Im Gegensatz zu vielen anderen Wirtschaftsthemen ist die Börse für die Nachrichtenstruktur in der herrschenden Medienlandschaft ein fast ebenso idealer Gegenstand wie der Sport. Es gibt Sieger und Verlierer, dramatische Situationen mit Auf- und Abbewegungen, spektakuläre Fluktuationen und Crashs – und das fast rund um die Uhr.

Es gibt mehr News hinter Firmenaktien als bei allen anderen Finanzprodukten. Währungen etwa werden von

Manager

Manager börsennotierter Unternehmen sind aus mehreren Gründen an steigenden oder zumindest stabilen Kursen ihrer Aktien interessiert. Erstens sind ihre Gehälter durch Aktienoptionen daran gebunden, zweitens müssen sie bei niedrigen Aktienkursen mit einer Übernahme durch Konkurrenten rechnen, drittens ist ein guter Kurs eine günstige Voraussetzung für die Lukrierung neuer Finanzquellen, und viertens sorgt er für ein gutes Image bei Kunden.

Schattenwirtschaft?

Die einschlägige Medienlandschaft reicht von teuren Newslettern berühmter Anlageberater und Finanzinstitute über Fachpresse, Hochglanzmagazine zur Börsenpopularisierung bis zur Börseninfo in den Hauptnachrichten. Während über Finanzangelegenheiten früher nur in undurchschaubarer Sprache in sich betont seriös gebenden Fachzeitungen berichtet wurde, schreiben heute in Deutschland bunte Hefte wie Bizz Capital, Tele-Börse, Focus Money, Euro am Sonntag usw. über Börsen wie über Sport. In dieser populistischen Schreibe wird Börsenengagement zu einem Kinderspiel, das jedem sagenhafte Gewinne verspricht, wenn er oder sie nur auf die richtigen Tipps hört. Verlierer kommen praktisch nicht vor, die Übergänge zwischen Berichterstattung und PR sind fließend.

Gesamtmarkterwartungen getrieben, wie auch Zinsänderungen. Aber bei Hunderten Firmen gibt es dauernd etwas Neues zu berichten. Manchmal ist der Verkauf / Ankauf von großen Aktienbeständen selbst eine Neuigkeit.

Medien sind privatwirtschaftlich organisiert und daher selbst in die Geschäfte involviert, über die sie berichten – sei es, weil sie selbst börsennotierte Unternehmen sind; sei es, weil sie Eigentümern gehören, die an der Börse aktiv sind; oder aber, weil sie Börsenakteure als Anzeigenkunden haben.

Börsenberichterstattung richtet sich an ein Publikum, das für Werbekunden am interessantesten ist: die wohlhabende Mittelklasse. Nicht zuletzt inszeniert sich die herrschende Wirtschaftsordnung auf den Börsen selbst: Der Bereich der Produktion ist ausgeblendet, als Akteurin ist nur die Gemeinschaft der Vermögensbesitzer zu sehen – ein Bild, das nicht ungelegen kommt und über das besitzende Eliten naturgemäß lieber berichten lassen als über den Fabrikalltag.

Die Wirtschaftsmedien als Lobby der Finanzmärkte

Die so entstandene Börsenöffentlichkeit organisiert sich aber nicht nur durch passiven Medienkonsum, sondern auch aktiv. Zu Tausenden haben sich Investmentclubs gebildet, Kleinaktionäre gründen und partizipieren an Internet-Chatrooms zum Thema Börse, etc.

Inhaltlich orientiert an einigen Leitmedien und -figuren (»Börsengurus«), bildet das Ensemble dieser Finanzöffentlichkeit einen Block, dessen effektive Wirkung weniger in der besseren Information liegt als im Herstellen einer Stimmung. Einer Stimmung, in der nicht nur Börsenengagement propagiert wird, sondern die ein ganzes Ensemble von gesellschafts- und wirtschaftspolitischen Vorstellungen transportiert und in der Gesellschaft verankert. Die Schweizer Ökonomin Mascha Madörin bezeichnet deshalb die Finanzpresse als NGO (Nicht-Regierungs-Organisation), die für die Anliegen dieses gesellschaftlichen Teilbereichs Lobbying betreibt.

Das ist nicht nur für das unmittelbare Geschäft wichtig.

Die Polizei beobachtet
die Umgebung

Für das Börsengeschehen spielen gesellschaftliche Stimmungslagen, Erwartungen und vorherrschende »Weltinterpretationen« eine zentrale Rolle, denn der Mangel an Gewissheit ist die Bedingung der Börsenaktivität. Scheinbare Gewissheit wird produziert mittels Prognosen und Denkmodellen, die nicht nur in der Einschätzung einer konkreten Entwicklungschance einer Aktie bestehen, sondern in grundsätzlichen Einschätzungen, über die unter den Börsenteilnehmern Übereinstimmung herrscht. Ein Konsens, der in einem wirtschaftstheoretischen und -politischen Fundamentalismus besteht, welcher der Schaffung von Vertrauen unter den Beteiligten dient und für einheitliches Auftreten und das Erzeugen von entsprechendem Druck nach außen sorgt. Damit sollen günstige wirtschafts- und gesellschaftspolitische Rahmenbedingungen geschaffen werden, die das Florieren der Börse ermöglichen. Er dient nicht zuletzt der (moralischen) Absicherung des Verhaltens von Börsenakteuren und dem Herbeizwingen einer Zukunft, in die schon investiert worden ist.

Die mediale Verbreitung von Börsennachrichten macht vor allem Stimmung für Börse und wirtschaftsfreundliche Politik im Allgemeinen. Das vielschichtige Geflecht zwischen Börse und Medien führt zu einer Berichterstattung, die mit schlichter Information nur mehr wenig zu tun hat.

Shareholder Value in Deutschland?

Der Investorenkapitalismus macht Aktionäre und ihre Interessen zu seinem zentralen Bezugspunkt. Er scheint sich nun von den USA aus über die ganze Welt auszubreiten.

Das Ende des »kontinentaleuropäischen Modells«?

Rheinischer Kapitalismus

Konkret gibt es in Kontinentaleuropa bislang nur marginale Veränderungen in Richtung Shareholder Value. Sie beschränken sich auf die Einführung von Shareholder Value-orientierter Managementkontrolle und Anreizsystemen in einer Hand voll großer Unternehmen (die aber über ihre Verflechtungen mit dem Rest der Wirtschaft durchaus weiteren Einfluss haben können). Die viel größeren Zugeständnisse von ihren Mitarbeitern erreichen Unternehmer mit der Beschwörung des »rheinischen Kapitalismus«, in dem die ganze Belegschaft für das Wohl der Firma zusammenhalten soll, und der gegen die Shareholder Value-Mentalität ins Treffen geführt wird.

Sowohl die Internationalisierung der kontinentaleuropäischen Unternehmen als auch der Wunsch vor allem der US-amerikanischen Anleger nach internationaler Streuung ihres Kapitals hat die Prinzipien des Investorenkapitalismus zu einem weltweiten Thema gemacht.

In Europa war für die Verbreitung der Idee und Rhetorik des Shareholder Value allerdings entgegen der gängigen Darstellung weniger die viel geschmähten ausländischen Investoren die entscheidende Triebkraft, sondern vielmehr die Vorstandsvorsitzenden großer Unternehmen. Diese machten sich das Schlagwort zu Eigen, um Unterstützung für radikale Lösungen interner Krisen zu mobilisieren, die im Rahmen des gewohnten Arrangements des *»deutschen Modells«* schwierig durchzusetzen gewesen wären.

Es wäre allerdings verfehlt, von einer einseitigen Globalisierung amerikanischer Verhältnisse zu sprechen. Zumindest im Verhältnis Kontinentaleuropa – USA ist eine Annäherung von beiden Seiten zu beobachten. In letzter Zeit haben sich beide Finanzsysteme verändert. In beiden gab es Kritik an zu viel Managermacht. Die vorhin für die USA beschriebene verstärkte Einmischung institutioneller Anleger in die Managementkontrolle ist eigentlich ein Schritt in Richtung »Europäisierung« des US-Systems – denn in Europa werden große Unternehmen in der Regel seit jeher stärker von wenigen großen Eigentümern kontrolliert.

Das Gleiche gilt für die jüngste Veränderung der Stellung von Banken in den USA, die sich im Zuge der zunehmend branchenübergreifenden Fusionswelle in der Finanzindustrie in Richtung Universalbanken, wie sie etwa in Deutschland üblich sind, entwickeln.

Gleichzeitig findet in Kontinentaleuropa eine Kritik an der Orientierung der Unternehmen am Interesse der Insider (Manager, Banken und Kernbelegschaften) Verbreitung. Um diese aufzubrechen und eine andere Ausrichtung der Firmen durchzusetzen, wird versucht, »Kleinanleger« in Stellung zu bringen. Da diese noch nicht in ausreichender Zahl vorhanden sind, werden sie mit Pro-Börsen-Kampagnen sowie Privatisierung und Aktienausgabe ehemaliger großer Staatsunternehmen angelockt. Vor allem mit der Rentendebatte wird derzeit sehr geschickt versucht, über den Umweg der Privatisierung des Rentensystems Widerstände gegen die Prinzipien des Investorenkapitalismus auszuhebeln. Man hofft, privat versicherte und vermögensbeteiligte Arbeitnehmer als Koalitionspartner für eine unternehmerfreundliche Politik gewinnen zu können.

Anzeigetafel auf dem Parkett der Frankfurter Börse mit Touristenbox

Die Tatsache, dass in derartigen Konstellationen allerdings nur die halbwegs gut verdienenden Haushalte zum Zug kommen, leistet Wohlstandschauvinismus Vorschub und zieht weitere Furchen in eine gespaltene Gesellschaft.

Die Pro-Börsen-Kampagne ist schlichte Bündnispolitik von oben: Hier will sich eine Elite Verbündete in der Bevölkerung für eine wirtschaftsfreundliche Politik schaffen. Eine Politik, von der nur manche profitieren.

Aktienbesitz, Vermögen und Verteilung

»Jeder wird ein Millionär!« – so lautet die Losung dieser Tage. Mit breiter medialer Unterstützung greift nun die Börseneuphorie auch auf bisher »aktienfaule« Länder wie etwa Deutschland über. Werden wir nun alle reich?

Die Vermögensgesellschaft

Wenn gelegentlich behauptet wird, es gäbe in Deutschland mehr Aktionäre als Gewerkschaftsmitglieder, so wird damit angedeutet, dass es in den letzten Jahren deutliche Verschiebungen in Richtung Geld- und Vermögensbesitz gegeben hat. Ökonomen beschreiben diese Veränderungen mit Begriffen wie »Vermögensgesellschaft«, »Aktionärskapitalismus« oder »Shareholder-Gesellschaft«. Gemeint ist damit die Tendenz in »entwickelten« Volkswirtschaften, dass mit steigendem Reichtum einer Gesellschaft die (finanz)vermögensbezogenen Transaktionen stärker zunehmen als produktions- und einkommensorientierte Aktivitäten. Ein Prozess, der in der Vergangenheit beobachtet werden konnte: Während die Wirtschaft eher stagnierte, boomten die Finanzmärkte.

Auch auf der Ebene der privaten Haushalte hat diese Entwicklung Auswirkungen: In der Bundesrepublik Deutschland stiegen mit wachsendem Einkommen auch die privaten Geldvermögen: Betrug das gesamte Geldvermögen privater Haushalte 1960 46,4 Prozent des Bruttoinlandsprodukts (BIP), stieg es in den 8oer Jahren auf über 100 Prozent des BIP, um 1995 einen Wert von 151,7 Prozent des BIP zu erreichen (Quelle: Deutsche Bundesbank). Die Geldvermögen der bundesdeutschen Haushalte sind somit stärker gewachsen als das Bruttoinlandsprodukt und das Produktivvermögen.

Wie teilt sich nun dieses Geldvermögen auf? Den

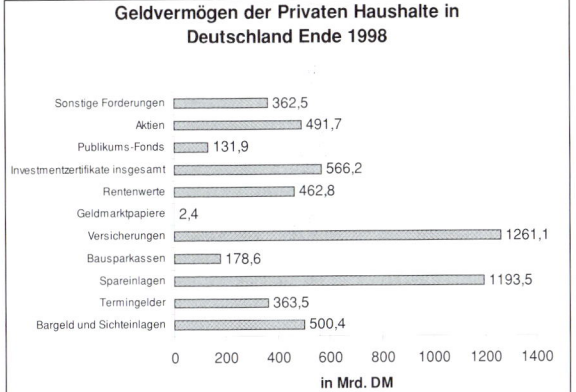

Geldvermögen der Privaten Haushalte in Deutschland Ende 1998

	in Mrd. DM
Sonstige Forderungen	362,5
Aktien	491,7
Publikums-Fonds	131,9
Investmentzertifikate insgesamt	566,2
Rentenwerte	462,8
Geldmarktpapiere	2,4
Versicherungen	1261,1
Bausparkassen	178,6
Spareinlagen	1193,5
Termingelder	363,5
Bargeld und Sichtlagen	500,4

in Mrd. DM

Quelle: Deutsches Aktien Institut (DAI) 1999

größten Teil ihres Geldes legen die deutschen Privathaushalte in Versicherungen an, dicht gefolgt von Spareinlagen. Beide Anlageformen machen 40 Prozent des Geldvermögens aus. An dritter Stelle folgen dann die festverzinslichen Wertpapiere, die so genannten Rentenpapiere. Aktien hingegen waren bis in die späten 90er Jahre hinein im Vergleich zu anderen Anlageformen nicht so beliebt: Ende 1998 belief sich das in Aktien angelegte Geldvermögen auf 491,7 Milliarden DM, das entspricht in etwa 8,5 Prozent des Gesamtvolumens (Quelle: Deutsche Bundesbank).

Buhlen um Haushaltseinkommen

In den letzten Jahren gab es gezielte Kampagnen, das Geld der Bundesbürger in Richtung Aktienbesitz zu lenken. Ein kurzer Blick in die Presse zeugt davon – noch nie wurde so ungeniert und massiv um das Vermögen privater Haushalte gebuhlt: Von der »Optimierung Ihres Vermögens« über den »Einstieg in attraktive Investitionen« bis hin zum »maßgeschneiderten Vorsorgeplan« reicht die Angebotspalette der Finanzdienstleister wie Banken, Versicherungen und Investmentfonds, die sich um »unsere« Sparguthaben kümmern wollen.

Dabei haben die Finanzdienstleistungsunternehmen nicht mehr nur die Besserverdienenden im Auge, sondern setzen bei ihren Werbeaktivitäten auf breitere

Bevölkerungsschichten. Eindrucksvolles Beispiel dafür war die Kampagne zur Privatisierung der deutschen Telekom: Die mediale Aufbereitung dieser Privatisierung sorgte tatsächlich für einen Run auf die Telekom-»Volks«-Aktie. In diesen Trend passen auch die in den letzten Jahren häufig vorgebrachten Vorschläge von Managern und Unternehmen für so genannte Mitarbeiter-Beteiligungsmodelle, bei denen betriebliche Vermögensanteile in Form von Aktien an Mitarbeiter übertragen und als Lohnbestandteil eingesetzt werden sollen. Ein Teil des Lohnes würde damit dann von der Gewinn- bzw. Verlustlage des Unternehmens abhängen. Mögliches Zukunftsszenario: Mitarbeiter stimmen der eigenen Entlassung mit Blick auf ihre steigenden Dividenden und der Optimierung ihres Shareholder Values freudig zu.

Rentenvorsorge und Aktienhype

Die Debatte um die zukünftige Altersversorgung zielt derzeit auf eine neuartige Einbindung privater Personen und Haushalte in finanzkapitalistische Arrangements und deren Logik. Scheinbar widerspruchslos setzt sich im Moment die Annahme durch, das heutige Rentensystem sei auf Dauer unfinanzierbar. Obwohl zahlreiche Ökonomen diese Panik als unbegründet zurückgewiesen haben, wird den einzelnen Arbeitnehmern kontinuierlich nahe gelegt, private Rentenversicherungen abzu-schließen, um den gewohnten Lebensstandard auch im Alter genießen zu können. Tatsächlich hat dies in jüngster Zeit dazu geführt, dass sich Versicherungsgesellschaften über einen enormen Anstieg neu abgeschlossener Verträge freuen konnten.

Diese Entwicklung in Richtung mehr Privatvorsorge ist ganz im Sinne des Finanzwesens. Banken und andere Finanzinstitute sind an einer möglichst großen zu verwaltenden Vermögensmasse interessiert. Je mehr Kapital ihnen für ihre Transaktionen zur Verfügung steht, desto flexibler können sie auf den Finanzmärkten agieren – ganz abgesehen von den Kommissionen, die sie an der Vermögensverwaltung verdienen. In den letzten Jahren waren sie daher zunächst an einer kontinuierlichen Börsenkapitalisierung von Firmenvermögen interessiert. Immer mehr Unternehmen, vor allem auch Klein- und Mittelbetrieben, wurde der Gang an die Börse schmackhaft gemacht. Ebenso lukrativ für die Finanzwirtschaft war die Tendenz zahlreicher Staaten, ihre Ausgaben nicht mehr ausschließlich über Steuern zu finanzieren, sondern zunehmend mittels Kreditaufnahme im Finanzsektor. Diese Einkommensquelle scheint nun im Zuge der US-amerikanischen und europaweiten Budgetsanierungen wegzubrechen, weshalb neue Felder gesucht werden. Die relativ hohen Spareinlagen erregen daher besonderes Interesse. Mit dem Zugriff auf private Sparguthaben werden zwei strategische Ziele erreicht: Zum einen erhöht sich die Vermögensmasse der einzelnen Vermögensverwalter. Zum anderen ändert sich damit die Interessenlage der einzelnen Sparer. Wird Geld statt auf Sparbüchern in Aktien angelegt, werden aus passiven Sparern aktive Investoren, die ihre Finanzdienstleister auf der Suche nach den höchsten Erträgen unterstützen. Indem sie den Zusammenhang zwischen unternehmerischer Profitmaximierung und der persönlichen Vermögenssteigerung herstellen, sinken ihre Bedenken gegen »Erfordernisse« wie z. B. Rationalisierung und Arbeitskräfteabbau.

Drei Säulen der Rentenvorsorge

Die Altersvorsorge kann auf dreifachem Wege vorgenommen werden: öffentlich, betrieblich, privat. Bei der öffentlichen »Säule« läuft die Vorsorge über den Staat, bei der betrieblichen wird in Unternehmenskassen eingezahlt, die Unternehmen zahlen dann später für ihre Rentner. Die private Säule ist eine individuelle Vorsorge, bei der die einzelnen Personen selber für ihre Rente in Pensionsfonds einzahlen, die das Geld am Kapitalmarkt anlegen.

Aktienbesitz und Verteilung in Deutschland

Aktien, wohin das Auge schaut

»Nicht nur bei den Fans zwischen Bergen und Palermo stehen Fußball-Aktien hoch im Kurs. Auch viele, für die das Spiel nicht die schönste Nebensache der Welt ist, fühlen sich angelockt. Rund 40 Millionen Europäer würden Fußball-Aktien kaufen.« (Financial Times Deutschland, 6.6.2000) Auf die Frage, welche Vereinsaktien die Deutschen kaufen würden, antworteten 70 Prozent der Befragten mit FC Bayern München, danach folgten Borussia Dortmund, Bayer Leverkusen, 1. FC Kaiserslautern und der Hamburger SV.

Wie realistisch sind nun aber die Annahmen über die Aktionärsgesellschaft in Deutschland?

Laut Auskunft des Deutschen Aktien-Institutes besaßen im Jahresdurchschnitt 1999 rund 5 Millionen Deutsche Aktien. Das entspricht einem Anteil von 7,8 Prozent der Bevölkerung über 14 Jahre. Höher wird dieser Anteil, wenn die Besitzer von Aktienfonds, also jene Leute, die über Investmentfonds ihr Geld anlegen, eingerechnet werden. Dann erhöht sich der Anteil an der Bevölkerung (über 14 Jahre) auf 12,9 Prozent, das entspricht 8,2 Millionen Menschen. Dennoch zeigt sich, dass Aktienbesitzer in der Bundesrepublik Deutschland noch eine Minderheit darstellen.

Dieses Bild bestätigt sich auch, wenn man die Aktionärsstruktur in Deutschland heranzieht, also fragt, welche wirtschaftlichen Einheiten Aktien besitzen. Deutlich zeigt sich, dass der private Unternehmenssektor mit nahezu 70 Prozent am gesamten Aktienbesitz der wichtigste Teilnehmer am Aktienmarkt ist. Aktien werden also vor allem von Unternehmen gehalten, auf private Haushalte entfällt ein weitaus geringerer Anteil. Dieser ist seit Beginn der 90er Jahre proportional sogar gesunken. 1990 entfielen 17,2 Prozent des Aktienbesitzes auf private Haushalte, 1998 nur mehr 15 Prozent.

In den letzten Jahren hat der Aktienbesitz von privaten Haushalten also zwar stetig zugenommen, aber noch lange nicht Ausmaße angenommen, die von einer Aktionärsgesellschaft reden ließen.

Vermögen und Verteilung

Nicht nur Aktienbesitz, sondern Vermögen generell ist in Deutschland wie in den meisten europäischen Ländern

- Nur 8,5 Prozent des Geldvermögens der privaten Haushalte wird in Aktien investiert.
- Lediglich etwas mehr als 10 Prozent der Bundesbürger besitzen Aktien.
- Vom gesamten Aktienbestand entfallen nicht mehr als 15 Prozent auf private Haushalte.

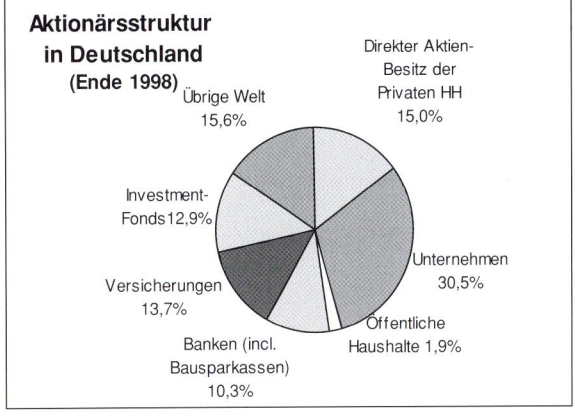

Aktionärsstruktur in Deutschland (Ende 1998)

Übrige Welt 15,6%
Direkter Aktien-Besitz der Privaten HH 15,0%
Investment-Fonds 12,9%
Versicherungen 13,7%
Banken (incl. Bausparkassen) 10,3%
Öffentliche Haushalte 1,9%
Unternehmen 30,5%

Quelle: Deutsches Aktien Institut (DAI) 1999

sehr ungleich verteilt. In den letzten Jahrzehnten kam es zu einer kontinuierlichen Verschiebung von Arbeitseinkommen (also Einkommen aus Arbeit wie Löhne und Gehälter) in Richtung Vermögenseinkommen (Zinsen, Dividenden etc.). Obwohl die Daten über die Verteilung von Vermögen auf die einzelnen gesellschaftlichen Gruppen nur sehr unzureichend sind, zeigen Schätzungen, dass der Zuwachs an Vermögen nicht den Arbeitnehmerhaushalten zugute kam. In den oberen Einkommensgruppen, die statistisch nur schwer fassbar sind, hat sich der Reichtum konzentriert, während die ärmsten Einkommensgruppen in einer Verschuldungsspirale stecken. Niedriglohnempfänger sind nicht in der Lage, sich Vermögen in nennenswertem Umfang anzueignen, geschweige denn langfristig Vermögenspositionen aufzubauen. Geht man daher davon aus, dass sich der Wertpapierbesitz bei den Vermögenden konzentriert, so werden entgegen der derzeitigen Propaganda keineswegs alle reich. Viel eher werden Verteilungsungleichgewichte zunehmen.

Verschuldung und Aktienbesitz in den USA

In den USA hat die Haushaltsverschuldung mittlerweile alarmierende Züge angenommen. Verschuldung und Aktienbesitz haben dort viel miteinander zu tun. Aktien-

besitz ist in den USA weit verbreitet, wenn auch – ebenso wie in Kontinentaleuropa – nicht bei niedrigen Einkommensschichten. So besitzen etwa laut Angaben der Federal Reserve rund die Hälfte aller Haushalte Aktien. Allerdings konzentrieren sich 90 Prozent des Wertpapierbesitzes auf ein Prozent der Bevölkerung.

In den USA sieht sich vor allem der Mittelstand gezwungen – nicht zuletzt aufgrund fehlender wohlfahrtsstaatlicher Versorgung –, Wertpapiere als Rentenvorsorge zu erwerben.

Das anhaltende Wachstum der US-amerikanischen Wirtschaft, die niedrige Inflation und insbesondere die gestiegenen Aktienkurse der letzten Jahre haben den psychologischen Effekt gehabt, dass Aktienbesitzer sich reicher fühlten und deshalb ihren Konsum steigerten. Die erhöhte Konsumnachfrage in den USA legt davon Zeugnis ab. Für diesen Konsum nahmen die US-Amerikaner jedoch sehr häufig Kredite auf, die ihnen auch großzügig gewährt wurden, konnten sie doch wertvolle Aktien als Kreditsicherung vorweisen. Der kreditfinanzierte Konsum führte so zu einer steigenden Verschuldung der Haushalte. Von 1992 bis 1999 stieg diese von 85 Prozent des verfügbaren Einkommens auf 103 Prozent. Besonders drastisch hat sich aber eine besondere Form der Verschuldung ausgeweitet: die Verschuldung durch den

Aktienkauf auf Kredit. In den Jahren 1994 bis 1999 verdreifachte sich die Verschuldung aus diesem Grund.

Der Schuldenstand der US-amerikanischen Haushalte ist solange nicht dramatisch, wie der Wirtschaftsboom in den USA sich fortsetzt. Die erwarteten Unternehmensgewinne (die sich ja in den Aktienpreisen ausdrücken) bringen dann genügend Einkommen, um die Schulden lächerlich erscheinen zu lassen. Aber niemand kann den Fortgang des Konjunkturaufschwungs garantieren. Möglich ist auch eine Rezession und ein damit verbundener Börsencrash. In einem solchen Fall purzeln die Aktienkurse in den Keller, und der vermeintliche Reichtum ist dahin, buchstäblich geplatzt. Die privaten Haushalte würden dann eine allgemeine wirtschaftliche Krise noch verschärfen, weil sie Aktien verkaufen müssten, um ihre Schulden bezahlen zu können. Durch den Verkauf sinken wiederum die Aktienkurse. Schuldentilgung und sinkende Aktienkurse würden die einzelnen Haushalte dazu bewegen, weniger zu konsumieren und damit die Rezession vorantreiben. So entsteht ein ökonomischer Teufelskreis, der vor allem die verschuldeten privaten Haushalte bedroht. Wie realistisch ein solches Szenario ist, lässt sich schwer abschätzen. Es zeigt aber, dass Arbeitnehmerhaushalte in den USA in einer prekären Lage sind. Denn die mangelnde staatliche Sozialversorgung zwingt die US-Bürger förmlich dazu, privat vorzusorgen und sich damit großen Risiken auszusetzen. In vielen Ländern Kontinentaleuropas gilt es daher als Errungenschaft vor allem der Gewerkschaften, einen Wohlfahrtsstaat durchgesetzt zu haben, so unzureichend dieser auch sein mag.

Spekulationsverluste

»Die letzten haben die Hunde gebissen, aber selbst sie können ihre Spekulationsverluste noch steuermindernd abschreiben, also auf die Steuerzahler abwälzen. Die meisten haben aber prächtig verdient, und befinden sich bereits auf der Suche nach neuem Fortune... Das Muster ist wie gehabt: Zuerst kommen die Banker mit ihren Krediten oder die Investmentfonds mit ihrer Anlagestrategie und heizen die Situation an. Dann kommen die Spekulanten – und wenn es brenzlig wird, ziehen sich die Banker zurück, und die Spekulanten richten die Märkte endgültig zugrunde.«

Jörg Huffschmid: Politische Ökonomie der Finanzmärkte, Hamburg 1999

Auch wenn derzeit die Börseneuphorie groß ist, sind noch lange nicht alle zu vermögenden Wertpapierbesitzern geworden. Im Gegenteil, Armut und Verschuldung nehmen zu. Nur die wenigsten werden Aktienmillionäre.

Internationale Entwicklung und Finanzmärkte

Kennzeichen des Finanzwesens ist, dass es global agiert. Sollten sich daher auf einem Kontinent einmal keine ausreichenden Renditen einheimsen lassen, verlegt sich das Anlegerinteresse eben auf einen anderen Erdteil.

Emerging Markets und Transformationsökonomien

Emerging Markets

In den 80er Jahren entdeckten Anleger die »Emerging Markets«, also die »aufstrebenden Märkte«, wie zum Beispiel die Länder Lateinamerikas und Asiens (außer Japan). Das Finanzwesen in diesen Regionen war bis dahin im internationalen Rahmen unbedeutend gewesen. Durch die Liberalisierung der Finanzmärkte, zu der diese Staaten von internationalen Institutionen wie dem IWF beständig gedrängt wurden, eröffneten sich neue Anlagemöglichkeiten für internationale Investoren.

In den 80er Jahren des 20. Jahrhunderts richtete sich das Interesse der Investoren auf die so genannten »Emerging Markets«, wo in den 90er Jahren die größten Gewinne gemacht wurden. Zuerst war es Lateinamerika. Nach der Mexikokrise 1994 wurden Länder wie die Philippinen, Hongkong und Thailand interessant, später dann Osteuropa. Investoren machten nahezu ein Spiel daraus, die exotischsten Destinationen für Anlagegelder ausfindig zu machen. Innerhalb von Banken und Finanzinstitutionen wurden eigene Unterabteilungen für die »aufstrebenden Märkte« gegründet, und seit den 80er Jahren ist die Berichterstattung darüber fixer Bestandteil in den Börsennews.

Auf politischer Ebene hatten internationale Finanzinstitutionen und westliche Regierungen die Regierungen in all diesen Ländern kontinuierlich gedrängt, ihre Finanzmärkte zu liberalisieren, auszubauen und für ausländische Finanzgesellschaften und Anleger zu öffnen. Offenbar mit Erfolg: Denn allein in den Jahren 1994 bis 1996, also kurz vor Ausbruch der weltweiten Finanzkrise, stiegen die Kapitalströme nach Lateinamerika und Asien um über 70 Milliarden Dollar an. Ob diese Zuflüsse allzu segensreich waren, darf allerdings bezweifelt werden. Denn wie ökonomisch verwundbar diese Länder sind, zeigen die immer wieder auftretenden schweren finanziellen Turbulenzen, in die jene Staaten geraten. So schnell, wie Kapitel zufließt, kann es auch wieder ver-

Kein guter Tag.
Die Kurse fallen.

schwinden. Vor allem die lange Zeit in den Himmel gelobten »Tigerstaaten« in Asien, Transformationsökonomien wie Russland, die aufgrund des Übergangs von Planwirtschaft zu Marktwirtschaft viel Anreiz für Investoren bieten, und die »Emerging Markets« in Lateinamerika waren davon betroffen. Die Gründe für den Zusammenbruch ganzer Finanzsysteme sind so verschieden wie die jeweiligen finanz- und wirtschaftspolitischen Strukturen der einzelnen Volkswirtschaften. Dennoch werden die Vertreter der orthodoxen Marktlehre (Motto: »Der Markt regelt alles!«) nicht müde zu betonen, die Ursachen für die Krisen seien einzig auf wirtschaftspolitische Fehler in den betroffenen Ländern zurückzuführen: den starken staatlichen Interventionismus und Klientelismus in Korea und Japan, schleppende Reformen in Russland, die – angeblich – nur zögerliche Reduktion der Staatsausgaben in Brasilien.

Doch inzwischen muss allen halbwegs objektiven Beobachtern klar sein, dass die »Jeder ist seines Glückes Schmied«-Rhetorik angesichts der ständigen Berg- und Talfahrt an Börsen und Devisenmärkten vor Hohn nur so trieft. Die Finanzkrise kann mittlerweile jedes Land treffen, auch wenn es sich den Anforderungen der Finanzmärkte schon längst unterworfen hat. Gerade die Deregulierung und Liberalisierung der Finanzmärkte, wie sie in den 8oer Jahren ausgehend von den USA und

Transformationsökonomien

Die Staaten Osteuropas, die sich im Übergang von gelenkten Planwirtschaften zur »freien Marktwirtschaft« befinden, werden »Transformationsökonomien« genannt. Die riesigen Privatisierungsprogramme in diesen Ländern haben das Interesse internationaler Anleger auf sich gezogen und zu einer regelrechten Schnäppchenjagd in Schlüsselindustrien (wie Telekom, Energie etc.) geführt. Die Börsen in den meisten osteuropäischen Staaten sind recht unterentwickelt und stehen in Konkurrenz zu westeuropäischen Plätzen (beispielsweise Wien), die den Handel mit osteuropäischen Aktien bei sich konzentrieren wollen.

Großbritannien begonnen wurde, hat zum heutigen Chaos erheblich beigetragen. Der freie Fluss der einzelnen Finanzmarkt-Titel bedeutet auch eine weltweite Verzahnung der Transaktionen: Eine IBM-Aktie kann in wenigen Augenblicken in ein Yen-Guthaben oder eine Bundesanleihe getauscht werden. Im Negativfall führt das dazu, dass ein Störfaktor an einem Ende der Welt Wellen schlägt und zum in Krisenzeiten beobachtbaren Domino-Effekt führen kann. Die Investoren folgen einem »Herdentrieb« und laufen alle in die gleiche Richtung, ohne lange nachzufragen, warum eine bestimmte Kursbewegung eigentlich auftritt.

Asienkrise und Armut

Es interessiert die auf kurzfristige Arbitrage-Gewinne ausgerichteten Broker nicht wirklich, ob die Attacken von Devisenhändlern gegen die asiatischen Währungen während der Asienkrise 1997/98 der Situation angemessen waren oder nicht. Für den Schaden haben andere aufzukommen. Auch wenn einige Investmentfirmen während der Asienkrise teilweise gehörige Verluste hinnehmen mussten – der Fonds des bekannten Spekulanten George Soros angeblich 7 Milliarden DM –, zählt zu den Leidtragenden vor allem die Bevölkerung in den betroffenen Ländern. So schätzte selbst der Internationale Währungsfonds, dass durch die Folgen der Asienkrise

Aufbauten
für die Fernsehberichterstattung

1997/98 in den drei am härtesten betroffenen Ländern (Indonesien, Thailand, Südkorea) ca. 22 Millionen Menschen in Armut geworfen wurden. Manche Kritiker meinen, diese Schätzung untertreibe das tatsächliche Ausmaß des Elends. Börsenenthusiasten reagieren demgegenüber mit nahezu zynischen Beschwichtigungsfloskeln. So schrieb angesichts vorübergehender drastischer Kurseinbrüche in Asien, Europa und den USA die FAZ (17.4.2000): »Selbst große Kursstürze sind im Rückblick kaum mehr als eine kleine Delle in der langfristigen Kursgrafik. Auf lange Sicht ging es mit den Kursen an den Weltbörsen immer bergauf.« In jeder Krise wird Reichtum umverteilt, doch nie zugunsten ärmerer Bevölkerungsschichten.

Die Regierungen und Staaten selbst müssen sich mächtig ins Zeug legen, um die Gläubiger nicht weiter zu vergrämen. Jede wirtschaftspolitische Maßnahme, die den Profitaussichten entgegenzustehen droht, kann zu Kapitalflucht führen und damit einen Wirbelsturm auslösen, der zum ökonomischen Kollaps führt. Die Lektion für Schuldner(länder) lautet daher ständig: sich beugen, »Strukturreformen« (z. B. Freigabe von Preisen, Privatisierungen, Abbau von Regulierungen) im Sinne besserer Verwertungsbedingungen für das Kapital durchführen und Schulden pünktlich zahlen. Halten sich Staaten an diese Forderungen, zeigt sich dennoch die negative Kehrseite für die Bevölkerung: Öffentliche Ausgaben – z. B. für Bildung und Gesundheit – werden zurückgeschraubt. Die soziale Lage der Bevölkerung verschlechtert sich.

»In den frühen 90er Jahren liberalisierten die ostasiatischen Länder ihre Finanz- und Kapitalmärkte – nicht, weil sie es nötig hatten, mehr Gelder anzuziehen (ihre Sparquoten beliefen sich auf nahezu 30 Prozent und mehr), sondern weil internationaler Druck auf sie ausgeübt wurde, nicht zuletzt vom US-Finanzministerium.«

Joseph Stiglitz, Chefökonom der Weltbank von 1996-1999. In: »The Insider«, The New Republic, 17.4.2000

Während Investoren sich sehr rasch aus internationalen Märkten zurückziehen können, müssen die Regierungen und die Bevölkerung in den betroffenen Staaten die negativen Folgen der Krise ausbaden.

Gibt es ein Leben außerhalb der Börse?

Mit breit gestreutem Aktienbesitz und Börseneuphorie soll ein neues Gesellschaftsmodell durchgesetzt werden: der »Aktionärskapitalismus«. Auf dem Spiel stehen wohlfahrtsstaatliche Arrangements und andere soziale Kompromisse.

Von Lohnarbeitern zu Aktionären

»Erst mit dem Übergang zur rot-grünen Regierung kommt der Umbau zur Shareholder-Ökonomie und zur Shareholder-Society so richtig in Gang. Die Regierung Kohl hat den Wohlfahrtsstaat, den rheinischen Kapitalismus, mit ihrer Politik der Privatisierung und der Umverteilung bei wachsender Staatsverschuldung usw. untergraben. Die rot-grüne Regierung setzt diesen Kurs (...) verschärft fort. Schneller als unter ihrem Regime hätte das Vertrauen breiter Arbeitnehmerschichten in die solidaren Sicherungssysteme wohl kaum zerstört werden können. So wird überall das Klima und der Boden für den Wechsel zum Shareholder-System geschaffen.«

Helmut Schauer, IG Metall, in: Supplement der Zeitschrift Sozialismus, 6/2000, S. 33

Das Aufleben der Börse in den letzten Jahren in Europa ist Zeichen gesellschaftlicher und wirtschaftlicher Veränderungsprozesse. In der Ökonomie werden diese Transformationen häufig als der Wechsel von einer Lohnarbeitsgesellschaft zu einer Vermögensgesellschaft bzw. einem Aktionärskapitalismus beschrieben. Der traditionelle Wohlfahrtsstaat baute bisher im Wesentlichen auf einem Interessenausgleich zwischen Arbeit und Kapital auf, indem er die (partielle) Teilhabe von Arbeitnehmern an gesellschaftlichem Reichtum ermöglichte. Über diesen Verteilungsprozess gab es eine institutionalisierte gesellschaftliche Übereinkunft, eine Art passive Solidarität.

Das neue Modell der Vermögensgesellschaft ist hingegen durch eine Zunahme von Individualismus geprägt, der Fragen gesellschaftlicher Verteilung in den Hintergrund rückt. Bürgerliche Rechte resultieren hier aus dem Besitz an Finanztiteln, deren Wert es zu verteidigen gilt. Gesamtgesellschaftliche bzw. -wirtschaftliche Zusammenhänge verschwinden völlig aus dem Blickwinkel.

Die Umsetzung dieses neuen Gesellschaftsmodells ist aber trotz der Börseneuphorie noch nicht gelungen, sondern fragil und umkämpft. Die Börse hat in wirtschaftlicher Hinsicht bei weitem nicht jene Bedeutung, die ihr in den Medien zugeschrieben wird. Von Relevanz ist sie jedoch in ideologischer Hinsicht. Deshalb hat die Börse in

den letzten Jahren einen Wandel vollzogen. Von einem exklusiven Club von Spezialisten ist sie zu einer Institution geworden, für die sich breite Bevölkerungskreise interessieren und an der diese sich mehr oder weniger aktiv beteiligen. Die neuen Wertpapierbesitzer werden potentiell Verbündete beim Versuch, traditionelle wirtschafts- und gesellschaftspolitische Muster zu verändern. Das Versprechen auf satte Gewinne durch Aktienerwerb kann zum Beispiel dazu dienen, die frisch gebackenen Aktionäre als Unterstützer einer unternehmensfreundlicheren Politik zu gewinnen. Denn je mehr Leute Interesse an der Optimierung ihres Shareholder Values haben, desto einfacher ist es, einen Konsens herzustellen, um Arbeitnehmerrechte zu beschneiden und Löhne zu senken, um die Unternehmenswerte und damit die Aktienkurse zu steigern.

In diesem Zusammenhang zeigt sich, dass der gesamte Kapitalsektor Interesse an einer Aktionärsgesellschaft hat und nicht nur die Finanzinstitutionen. Natürlich profitieren Letztere: Durch das steigende Anlagevermögen

Ein Bild für die Bewerbungsmappe

Arbeiteraktionäre 1

»Bei der britischen BP Amoco sind 90 Prozent der 18 000 Angestellten Aktionäre der Firma ... Doch um die reale Macht dieser neuen Art von Kapitalisten braucht man sich keine Illusion machen. Ihr finanzielles Gewicht bleibt äußerst marginal: Sie repräsentieren nur einen winzigen Teil der Aktionäre des Öl-Giganten ... Während der Abstimmungen auf der Hauptversammlung bestimmen die großen institutionellen Investoren, wo es langgeht, nicht die Personalvertreter.«

Le Monde Economique, 14.6.2000

Arbeiteraktionäre 2

»Für uns sind Stock Options (die Möglichkeit, Aktien der eigenen Firma zu erwerben, Anm. d. Verf.) keine normale Form der Entlohnung, denn die Kurse auf der Börse sind zu instabil. Außerdem werden Stock Options sowieso nur an einen bestimmten Teil der Belegschaft abgegeben.«

Roland Raskopf, Force Ouvrière (trotzkistische Gewerkschaft in Frankreich) angesichts der Pläne von France Télécom, im Zuge der Privatisierung Aktien an die Belegschaft abzugeben.

können sie sowohl mehr Kommissionen kassieren wie auch – mit zusätzlicher Liquidität ausgestattet – potenter auf den Finanzmärkten auftreten. Eine Gegenüberstellung von finanz- und industriekapitalistischen Interessen, wie sie öfters auch in Kreisen kritischer Ökonomen vorgenommen wird, greift allerdings zu kurz. Vielmehr geht es um die Durchsetzung besserer Verwertungsbedingungen für das Kapital im Allgemeinen.

Nicht alle können reich werden

Neben den Unternehmen erhoffen sich auch zahlreiche Regierungen Europas Vorteile vom breit gestreuten Aktienbesitz. Die als überbordend empfundenen Budgetdefizite haben in allen Ländern der EU zur Übereinkunft geführt, staatliche Ausgaben in Zukunft einzuschränken. Deshalb erhoffen sich die Regierungen durch das Fördern von mehr privater Vorsorge (private Rentenversicherung usw.), die öffentlichen Transfer- und Sozialleistungen zurückschrauben zu können. Auf dem Spiel steht somit die Demontage des sozialen Wohlfahrtsstaates.

Dies führt letztendlich zu einer prekären Konstellation: Einer selektiven Verteilungskoalition aus Unternehmen, Teilen der Arbeitnehmerschaft und dem Staat stehen zunehmend gesellschaftliche Gruppen gegenüber, die Desintegration und Ausgrenzung erfahren müssen (Bezieher niedriger Einkommen, Ältere, Migranten).

Entgegen zahlreicher Verlautbarungen: Unter den gegebenen Umständen können nicht alle reich werden. Abgesehen von der prinzipiell problematischen Einkommensumverteilung, die in einer Vermögensgesellschaft vorgenommen wird, ist auch fraglich, ob all die Börsenspieler selbst von der derzeitigen Aktieneuphorie profitieren werden. Nicht zu Unrecht wird die Börse oft als Casino bezeichnet: Wo es Gewinner gibt, da gibt es auch Verlierer. Letztlich wird sich der Erfolg des Projekts Aktionärskapitalismus daran entscheiden, wie die frisch gebackenen Aktionäre auf einen plötzlichen und allgemeinen Abwärtstrend der Kurse reagieren. Die versprochenen tollen Renditen hängen sehr stark vom aktuellen Börsenboom ab. Die meisten Kleinanleger, die ihr Geld in den letzten Jahren in Fonds steckten, haben noch nie einen Crash oder eine längere Kursstagnation erlebt. Der Börsenoptimismus könnte durch eine derartige Erfahrung einen entscheidenden Einbruch erleiden. Sobald die Kurse in den Keller rasseln, schmelzen die in der Boom-Blase angehäuften Gewinne nur so dahin. Da viele Wertpapierkäufe durch Kreditaufnahme erfolgen, können sinkende Kurse, die die Papiere entwerten, die Schuldner ganz schön in die Bredouille bringen.

Zu einer solchen Entwicklung könnte es schon aus demographischen Gründen kommen: In den USA etwa ist zur Zeit eine Altersgruppe stark, die in Fonds für die eigene Altersvorsorge einzahlt. Der daraus resultierende Zustrom von massenhaft Anlagegeld führte zu dem generellen Kursanstieg der letzten Jahre. Sobald der Zustrom aber verflacht, könnte in wenigen Jahren eine lange Börsenflaute folgen, zumal wenn diese Personengruppe in Rente geht und ihre Fonds langsam beginnen, die angesammelten Wertpapiere wieder abzustoßen.

»Sollten die Gewerkschaften wieder zu einem Machtfaktor bei der Einkommensverteilung werden, so werden sie dies der Erkenntnis verdanken, dass die Kontrolle der Kapitalbeteiligungen der Arbeitnehmerschaft die Schlacht ist, in die man gehen und die man gewinnen muss. Die Entwicklung der Lohnfonds ist die wesentliche Vermittlung, damit der Kapitalismus Kontinentaleuropas eine vom angelsächsischen Kapitalismus unterscheidbare Spielart bleibt.«
Michel Aglietta: Ein neues Akkumulationsregime, Hamburg 2000

Neue Formen der Beteiligung

Der Aktionärskapitalismus bedeutet letztlich nur ein Angebot an einen Teil der Bevölkerung, ein wenig finanziell zu profitieren und damit manche seiner wirtschaftlichen Konsequenzen, die den Einzelnen in seiner Eigenschaft als Bürger, Arbeitnehmer oder Konsument beeinträchtigen, wieder wettzumachen. Doch selbst die, die als Kleinaktionäre derzeit von dem neuen Arrangement profitieren, haben nur beschränkt Einfluss darauf. Ihre Einbeziehung beschränkt sich auf den Kauf eines Wertpapiers. An der den Finanzmärkten zugrunde liegenden Rationalität und seinen Regeln können auch die neuen Kleinaktionäre nichts ändern. Dem Manko an Mitspracherecht und dem manchmal daran vorgebrachten Unmut versuchen einige Finanzinstitute in jüngster Zeit mit diversen Vorschlägen zu begegnen: Dazu zählen etwa Ansätze wie alternative Anlagefonds oder ethisches In-

Der Börsenvorplatz wird zum Skater-Park

vestment. Zunächst in den 8oer Jahren in den USA, mittlerweile auch zunehmend in Europa sind Anlageformen entstanden, die nicht einzig und allein Renditeaussichten in den Mittelpunkt stellen. Ethisches bzw. Alternatives Investment bedeutet, Geld nach bestimmten Kriterien wie ökologisch, entwicklungspolitisch, frauenfördernd usw. anzulegen. Dabei werden nur Unternehmen und Projekte finanziert, die diesen Kriterien entsprechen, wie zum Beispiel Entwicklungshilfeprojekte im Trikont, Umwelttechnologieunternehmen usw. Dass derartige Anlageformen lohnend sind, haben die großen Finanzdienstleister schnell erkannt. Fast jeder wichtige Investmentfonds hat mittlerweile eine eigene Sparte »Alternatives Investment« für seine politisch korrekten Anleger. Ebenso gibt es Appelle an (vor allem US-)Gewerkschaften, die Rentenfonds ihrer Mitglieder zu einem Investment zu drängen, das gesamtwirtschaftliche Interessen verfolgt, statt bloß die Rendite zu maximieren.

Ende der Börseneuphorie

Dennoch sind all diese Ansätze nur schwache Versuche, Ungleichheiten und Missstände auf den Finanzmärkten zu bereinigen. Worum es wirklich gehen müsste, wäre, andere Formen der Beteiligung an wirtschaftlichen Prozessen durchzusetzen, in denen die Entscheidungen nicht von Profitzielen geleitet werden, sondern von Kriterien demokratischer und sozialer Gerechtigkeit. Eine Forderung, die sich natürlich nicht auf den Finanzbereich beschränken lässt.

Der wichtigste Effekt, den die Proteste gegen die World Trade Organization (WTO) in Seattle im Herbst 1999 hatten, war vielleicht, öffentliches Bewusstsein für die negativen Auswirkungen der derzeitigen Weltwirtschaftsordnung zu schaffen. Die führenden Akteure nationaler wie internationaler Wirtschaftsorganisationen sehen sich mittlerweile gezwungen, in nicht unerheblichem Ausmaß Zeit und Arbeit zu investieren, um zu den Vorwürfen Stellung zu nehmen, mit denen sie seitens der protestierenden Bürger, Gewerkschaften und NGOs konfrontiert werden. Forderungen etwa nach mehr Transparenz sind Institutionen wie die Weltbank oder der Internationale Währungsfonds – zwar zögerlich und unzureichend, aber immerhin – bereits nachgekommen. Zahlreiche Regierungen und Politiker fühlten sich in letzter Zeit veranlasst, öffentlich über die Regulierung von Finanzmärkten nachzudenken. Seit der Asienkrise sehen sich Finanzmärkte zunehmendem Misstrauen in der Bevölkerung gegenüber, und zwar nicht nur in den betroffenen Ländern. All diese Ansätze können durchaus als Positionen begriffen werden, die der Börseneuphorie entgegenstehen. Die Polarisierung der wirtschaftlichen Debatte zwischen Börsebefürwortern und Finanzmarktgegnern kann in der Zukunft dazu beitragen, das Modell des Aktionärskapitalismus zu hintertreiben und Raum für eine Debatte über eine andere ökonomische und gesellschaftliche Entwicklung zu öffnen.

»Andrew Crockett, Generalsekretär der BIZ (Bank für Internationalen Zahlungsausgleich, Anm. d. A.), sagte …, man müsse diejenigen, die in Seattle (gegen die Welthandelsrunde) und Washington (beim Frühjahrstreffen von IWF und Weltbank) protestieren, ernst nehmen. Ihre Kritik sei zwar in vielem fehlgeleitet, doch spiegele sie eine verbreitete Unzufriedenheit wider. ›Diese Stimmung kann man nicht wegwünschen, man muss sich damit auseinander setzen und nach Abhilfe suchen‹, sagte Crockett.«

Financial Times Deutschland, 6.6.2000

Die Macht auf Finanzmärkten ist ungleich verteilt. Deshalb gilt es, gegen das ausschließende und undemokratische Modell des Aktionärskapitalismus demokratische Formen der Beteiligung an wirtschaftlichen Prozessen zu entwickeln.

Literatur

1. Börse allgemein

Beike, Rolf / Schlütz, Johannes: *Finanznachrichten lesen, verstehen, nutzen.* Ein Wegweiser durch Kursnotierungen und Marktberichte. Stuttgart: Verlag Schäffer-Poeschel 1999

Büschgen, Hans E.: *Das kleine Börsen-Lexikon.* Düsseldorf: Verlag Wirtschaft und Finanzen 1998

Erlenbach, Erich / Gotta, Frank: *So funktioniert die Börse.* Aktien, Zinsen, Derivate, Euro. Frankfurt a.M.: Societäts-Verlag 1997

Grün, Willi H.: *Das andere Börsenlexikon.* 222 Begriffe up to date. Berlin: Ullstein 1999

Handbuch Börse. München: Heyne 1992

Häuser, Karl / Rosenstock, Adolf: *Börse und Kapitalmarkt.* Frankfurt a.M.: Fritz Knapp Verlag 1997

Kostolany, André: *Geld und Börse.* Die Kunst, ein Vermögen zu machen. Berlin: Ullstein 1998

Siebers, Alfred B. J.: *Kursbuch Geld, Gold, Börse.* Frankfurt a.M.: Eichborn 1995

Weissenfeld, Horst und Stefan: *Im Rausch der Spekulation.* Die Geschichte von Spiel und Spekulation aus vier Jahrhunderten. Rosenheim: TM-Börsenverlag 1999

Zola, Emile: *Das Geld* (Roman). Berlin: Aufbau-Taschenbuch-Verlag 1995

2. Börsenkritische Publikationen

Beirat für gesellschafts-, wirtschafts- und umweltpolitische Alternativen (BEIGEWUM): *Vom Pensionär zum Aktionär.* Private Pensionsvorsorge, Finanzmärkte und Politik. In: Kurswechsel. Zeitschrift für gesellschafts-, wirtschafts- und umweltpolitische Alternativen 3/1998. Wien: Sonderzahl Verlag 1998

D'Eramo, Marco: *Das Schwein und der Wolkenkratzer.* Chicago: Eine Geschichte unserer Zukunft. Reinbek bei Hamburg: Rowohlt 1998

Galbraith, John Kenneth: *Der große Crash 1929.* Ursachen, Verlauf, Folgen. München: Heyne 1989

Henwood, Doug: *Wall Street.* New York: Verso 1997

Huffschmid, Jörg: *Politische Ökonomie der Finanzmärkte.* Hamburg: VSA Verlag 1999

Kindleberger, Charles P.: *Maniacs, panics, and crashes.* A history of financial crises. Basingstoke: MacMillan 1989

Madörin, Mascha: *Wie das internationale Finanzsystem Zukunft kontrolliert.* In: Zeitschrift »Widerspruch«, 1998

Mandel, Ernest / Wolf, Winfried: *Cash, Crash and Crisis.* Profitboom, Börsenkrach und Wirtschaftskrise. Hamburg: Rasch und Röhring Verlag 1988

Orlean, André: *La pouvoir de la finance.* Paris: Editions Odile Jacob 1999

Thiel, Marita: *Bei Anruf Börsenhai.* Wie dubiose Telefonverkäufer Jagd auf unser Geld machen. Frankfurt a.M.: Campus 1996

3. Finanzwirtschaft und Weltwirtschaft

Aglietta, Michel: *Ein neues Akkumulationsregime*. Hamburg: VSA Verlag 1999

Altvater, Elmar/Mahnkopf, Birgit: *Grenzen der Globalisierung*. Münster: Verlag Westfälisches Dampfboot 1999

Becker, Steffen/Menz, Wolfgang/Sablowski, Thomas: *Shareholder Value gegen Belegschaftsinteressen*. Hamburg: VSA 1999

Chesnais, François (Hg.): *La mondialisation financière*. Genèse, Coût et enjeux. Paris: Syros 1996

Helleiner, Eric: *States and the reemergence of global finance*. Ithaca: NY, Cornell University Press 1994

Hübner, Kurt: *Der Globalisierungskomplex*. Berlin: Ed. Sigma 1998

Leyshon, Andrew/Thrift, Nigel: *Money-space*. Geographies of monetary transformation. London: Routledge 1997

Marazzi, Christian: *Fetisch Geld*. Wirtschaft, Staat, Gesellschaft im monetaristischen Zeitalter. Zürich: Rotpunktverlag 1999

4. Zeitschriften

Schwerpunktnummer der Zeitschrift »Economy and Society« 1/2000. Adresse: Taylor & Francis Group, 11 New Fetter Lane, London EC4P 4EE, Großbritannien

Schwerpunktnummer der Zeitschrift »Kurswechsel« 4/1997. Adresse: c/o Beigewum, Postfach 162, A-1015 Wien, Österreich

5. Internetadressen

Left Business Observer. Periodikum des linken Wall Street-Beobachters Doug Henwood
http://www.panix.com/~dhenwood/LBO_home.html

ATTAC – In Frankreich gegründete Bürgerbewegung zur Regulierung der Finanzmärkte. Hauptforderung: Einführung einer Steuer auf Finanztransaktionen und Verwendung des Steueraufkommens zur Finanzierung gesellschaftspolitisch wünschenswerter Zwecke.
http://attac.org/

Beirat für gesellschafts-, wirtschafts- und umweltpolitische Alternativen (BEIGEWUM). Vereinigung kritischer Sozialwissenschaftlerinnen und Sozialwissenschaftler, Herausgabe der Quartalszeitschrift »Kurswechsel«. Einige Online-Texte zu Finanzmärkten.
Anschrift: BEIGEWUM, P.O.Box 162, A-1015 Wien, Österreich
http://www.wu-wien.ac.at/inst/roman/beigewum/

WEED – World Economy, Ecology and Development – Deutsche Nichtregierungsorganisation, die seit Beginn 2000 eine Kampagne zur Regulierung der internationalen Finanzmärkte lanciert hat.
Anschrift: WEED e.V., Bertha-von Suttner-Platz 13, 53111 Bonn;
http://www.comlink.apc.org/weed/

Dachverband der Kritischen Aktionaerinnen und Aktionaere
http://ourworld.compuserve.com/homepages
Critical_Shareholders

Register

Programm 2000

Jost Müller: **Sozialismus**
Martin Büsser: **Popmusik**
Henning Schmidt-Semisch / Frank Nolte: **Drogen**
Mark Terkessidis: **Migranten**
Katja Leyrer: **Sexualität**
Ralf Strobach: **EXPO 2000**
Boris Gröndahl: **Hacker**
Sabine Riewenherm: **Gentechnologie**
Otto Diederichs: **Polizei**
Vanessa Redak / Beat Weber: **Börse**
Martin Krauß: **Doping**
Thomas Seibert: **Existenzialismus**

Fotos: Michael Sander

Leider konnten nicht immer die Fotografen/Rechteinhaber ermittelt werden.
In diesen Fällen sind Autor und Verlag dankbar für Hinweise.
Berechtigte Ansprüche werden im Rahmen des Üblichen abgegolten.

Die Deutsche Bibliothek – CIP-Einheitsaufnahme

Ein Titeldatensatz für diese Publikation ist bei
Der Deutschen Bibliothek erhältlich

© Europäische Verlagsanstalt/Rotbuch Verlag, Hamburg 2000
Umschlag- und Reihengestaltung: +malsy, Bremen
Herstellung: Das Herstellungsbüro, Hamburg
Druck und Bindung: Fuldaer Verlagsagentur
Alle Rechte vorbehalten
Printed in Germany
ISBN 3-434-53507-1

Informationen zu unseren Verlagsprogrammen
finden Sie im Internet unter www.rotbuch.de bzw.
www.europaeische-verlagsanstalt.de